Julia Almagro

Construye tu
destino

A través de tu
mapa astrológico

Editorial Arcopress • Colección Enigma
Edición: Ana Belén Valverde Elices
Diseño, maquetación y documentación gráfica:
Fernando de Miguel

Síguenos en @AlmuzaraLibros

Imprime: Kadmos
ISBN: 978-84-11311-73-1
Depósito Legal: CO-896-2022
Hecho e impreso en España - *Made and printed in Spain*

A mi queridísima abuela Naty, quien con su ejemplo de vida me mostró el poder que tienen las personas para labrar cada día su destino.
Gracias por la luz, la fuerza, la seguridad, y la belleza con las que llenaste mi mundo durante los años que coincidimos en esta Tierra. Te quiero mucho.

Índice

Introducción

«Nadie puede salvarnos salvo nosotros mismos.
Nadie puede y nadie lo hará. Somos nosotros
quienes debemos andar la senda».

Siddhārtha Gautama

Si estás aquí hoy, leyendo estas páginas, es porque en el fondo de tu ser deseas involucrarte de forma activa en la creación de tu destino y asumes que tienes el poder de decidir hacia dónde vas. Así que empezamos este camino juntas con el pie derecho :) y eso me hace muy feliz. El mundo necesita más gente como tú, dispuesta a hacerse cargo y asumir responsabilidades.

Ahora quiero que te pares a pensar cuáles son las incógnitas que surcan tu mente cuando reflexionas sobre el destino.

Porque las respuestas que obtenemos dependen de las preguntas que nos planteamos. En realidad, es así de sencillo. Cuando partimos del interrogante equivocado, lo más probable es que no lleguemos al punto correcto y terminemos atrapadas en un callejón sin salida.

El origen de la astrología

Si echamos la vista atrás vemos que desde tiempos inmemoriales el ser humano ha mirado al cielo en busca de respuestas.

Nuestros ancestros más remotos no tenían acceso a Internet, Netflix, o a las redes sociales... A decir verdad, en aquel entonces no existía ninguna de las miles de distracciones que hoy compiten por robar nuestra atención y valioso tiempo. Y es que los que estuvieron aquí antes que nosotros ni siquiera gozaban de tendido eléctrico. Así que, durante la noche, las alternativas de ocio eran realmente escasas: o bien el grupo se reunía a contar historias alrededor del fuego, u optaba por tumbarse en el suelo a contemplar las estrellas.

Posiblemente, ese fue el origen de la astrología, un conocimiento antiquísimo cuyos primeros vestigios aparecen en la Antigua Mesopotamia, dos mil años antes del nacimiento de Cristo.

A pesar de que han transcurrido milenios y el mundo ha vivido varias revoluciones, en la actualidad podemos comprobar cómo muchos seguimos buscando claridad en el cielo. Por eso, hoy día, las aplicaciones y sitios web de astrología gozan de una popularidad inusitada (especialmente entre las mujeres) que no habíamos visto nunca antes. ¿Quién lo iba a decir? Resulta que no hemos cambiado tanto desde el Neolítico como pensábamos...

Mayéutica y método socrático

Sin embargo, es muy importante no perder de vista que las respuestas que obtengas SIEMPRE dependerán de las preguntas que emerjan. Esto lo sabía muy bien Sócrates, cuyo método de enseñanza consistía en plantear nuevos interrogantes a los alumnos, con el objetivo de que ellos mismos descubrieran la solución al problema que se les planteaba. La esencia de la mayéutica socrática es muy sencilla, y queda perfectamente ejemplificada en la siguiente frase: «**No me regales los peces, mejor enséñame a pescar**». Porque lo que haces, terminas aprendiéndolo, pero lo que solo te muestran, lo olvidarás pronto. Recordemos que es en la pregunta, y no en la respuesta, donde está la clave.

Una mentalidad empoderadora

Vamos a decir las cosas claras: no es lo mismo que te plantees «¿Qué me va a pasar el año que viene?» a preguntarte «¿Qué acciones podría llevar a cabo para conseguir mi objetivo del próximo año?».

La primera pregunta es desempoderadora por sistema y deja tu destino en manos de los hados, los dioses o el puro azar. La segunda, en cambio, expresa la aceptación de nuestra responsabilidad en aquello que acontece y muestra una disposición clara a tomar un rol activo en la creación de la propia realidad.

Muchas personas prefieren culpar a algo o a alguien de su desgracia antes que asumir la verdad innegable de que, en la mayoría de los casos, sus acciones han desempeñado un rol clave en los resultados obtenidos. Hay quien lo llama karma... Pero son simplemente consecuencias. Así que voy a ir directa al grano y «sin anestesia», por lo que te pido autocrítica o que no te lo tomes como algo personal si no es tu caso: muchos de nosotros no estamos preparados para ser libres. Y es que el concepto de libertad guarda un vínculo muy estrecho con la noción de responsabilidad. En general, queremos ser dueñas de nuestros éxitos y laureles... pero no de los fracasos. Resulta más reconfortante culpar a la mala suerte, al destino o a los planetas de cada caída y traspiés. Y al hacerlo, eludimos la incómoda acción de rendir cuentas ante nosotras mismas mediante un calculado ejercicio de autocompasión... Pero ojo, que cuando caemos en esa trampa, en realidad nos estamos deshaciendo del último resquicio de poder personal que nos quedaba. ¡No se trata de algo inocuo! Hay un precio a pagar por escurrir el bulto y mirar para otro lado.

Esto es algo que he observado desde que empecé a acompañar a mujeres en su camino de autoconocimiento a través del simbolismo astrológico. Corría el año 2012 y yo no estaba muy segura de cómo había llegado hasta allí... Tras licenciarme en Publicidad y RR.PP. y hacer bastante «el *hippie*» en mi veintena, esquivando cualquier tipo de ataduras, me di de bruces con el *Retorno de Saturno* (una crisis vital que todos pasamos alrededor de los 29 años) y no me quedó más remedio que abrir los ojos. De golpe y porrazo perdí a mi queridísimo abuelo en una batalla desigual contra dos cánceres simultáneos. Él había sido la persona que mejor encarnó la figura paterna para mí, por lo que verle marchar supuso perder también el norte, los cimientos y la calma. Al mismo tiempo, descubrí que mi pareja desde hacía cinco años me engañaba con cualquiera que se pusiera a tino. De hecho, mis periodos de ausencia por la enfermedad de mi abuelo le vinieron de perlas para darle rienda suelta al desenfreno. En realidad, el pobre infeliz debía ser adicto al sexo, pero no mostraba el mínimo ápice de arrepentimiento. Más bien todo lo contrario... En cuanto descubrí el percal y entré en cólera, él me echó de casa. Así que con el alma hecha añicos, pesando 48 kilos y con el convencimiento de que el mundo se acababa, me mudé al hogar de mi madre a superar el doble duelo.

Tuvieron que transcurrir dos años para que fuera capaz de pasar página, durante los cuales intenté construir una vida normal. Después de un tiempo prudencial conseguí manifestar un amor basado en el respeto y la confianza... Y así llegó el que sería el padre de mi hijo años más tarde. Sin embargo, en lo profesional me costó más esfuerzo centrarme e iba encadenando trabajos de oficina poco gratificantes y mal remunerados, que no me hacían sentir realizada y me robaban la ansiada libertad.

Hasta que llegó el año 2012 y un despido (el segundo en dos años) me empujó a lanzar proyecto propio: Luna Dominante, y empecé a trabajar con otras mujeres que tenían grandes dudas sobre quiénes eran y para qué estaban en este mundo. Mi misión es acompañarlas en la apasionante ruta hacia su propósito vital. Porque renunciar a los sueños no es una opción para aquellas que se reconocen como lunáticas e idealistas.

Amo mi trabajo y me entusiasma lo que hago, pero jamás hubiera anticipado que la astrología se iba a convertir en una herramienta básica en mi profesión. Sin embargo, la vida tiene sorprendentes maneras de mostrarnos el camino y de forma sutil nos empuja a alinearnos con nuestra verdad. Como buena Sol-Quirón en el Medio Cielo, tengo facilidad para guiar a otros en sus procesos de búsqueda. Y además, símbolos y arquetipos son mi pasión desde la más tierna infancia. Quizá los puntos sí que estaban conectados, aunque en aquel entonces no me diera cuenta...

Eso sí, en seguida me percaté de que había dos tipologías de personas muy distintas. Por un lado atendía a mujeres que utilizaban el simbolismo para reafirmarse y tomar mejores decisiones en la vida. Y por otro, estaban aquellas que solo querían escuchar qué es lo que les iba a pasar y averiguar cuándo.

Esto es, la mitad de mis clientas llegaban dispuestas a empoderarse. Y la otra mitad ya había claudicado mucho antes de nuestra cita, porque depositaban la responsabilidad de su futuro en el movimiento de los planetas en lugar de en sus acciones.

Durante muchos años me devané los sesos tratando de averiguar cuál era la manera de que el segundo tipo de mujeres empezara a actuar como el primero... ¡Y al fin di con la clave! Para obtener respuestas diferentes lo primero que necesitamos hacer es transformar las preguntas, ¿recuerdas?

En aquel momento, profundicé mi formación en Neurociencia, Coaching, PNL y psicología analítica, lo que me llevó a transformar de manera radical la estructura de mis sesiones. Al igual que Sócrates, decidí utilizar las preguntas para favorecer la creación de conciencia, de tal manera que, si alguien llegaba planteando las cuestiones equivocadas, gracias al foco en la interacción, fuera capaz de transformarlas y reclamar su derecho innato a la construcción de un destino digno.

Adueñarte de tu destino

Porque el destino no está escrito. En absoluto. Se trata de un lugar orgánico, vivo, en constante creación. Y es que cada pensamiento que albergas, cada emoción que alimentas, cada decisión que tomas, cada paso que das... Te acerca poco a poco a esa meta, a ese futuro que, en realidad, siempre ha estado en tus manos.

Deseo de corazón que este libro te convenza de ello y que encuentres en sus páginas una guía para mirar a las estrellas abriéndote a nuevas preguntas. Porque la astrología es un valioso recurso para lograr tus metas si, al igual que Prometeo, estás dispuesta a robarle el fuego a los dioses y aceptar tu divinidad interior.

¿Empezamos el viaje?

Dosier astrológico para novatas y principiantes

I. EL LENGUAJE ASTROLÓGICO

Si estás dispuesta a adentrarte en el apasionante mundo de las estrellas, lo primero que necesitas entender es que la astrología es un lenguaje. Pero ojo, que no se trata de un lenguaje cualquiera, sino que estamos ante un lenguaje «simbólico».

Esto implica que guarda ciertas diferencias respecto a otro tipo de idiomas. Por eso, cuando utilizamos el simbolismo, no podemos hacer traducción literal. Si yo digo «*I am hungry*» en inglés y lo quiero traducir al español, la frase equivalente sería «tengo hambre».

Pero hacer esto con la astrología no es posible, porque la dimensión de cada símbolo es múltiple. Por ejemplo, Venus representa el amor, pero también el dinero, la belleza, el placer, la estética, una boda, un noviazgo, una experiencia agradable, una mujer joven, etc. La interpretación que voy a realizar de Venus depende de mi contexto y situación. Y, a veces, me daré cuenta de que varios de los significados son aplicables para una misma frase. Así que, al final, será necesario poner también dosis de intuición y creatividad. Los símbolos nos exigen mantener la mente abierta y ser capaces de generar diversas asociaciones y paralelismos.

La importancia del contexto

Es imposible interpretar cuando no tienes un contexto del que partir. Si te sientas en frente de alguien y quieres interpretar su carta natal, hace falta que indagues todo lo que puedas en las circunstancias y mentalidad de esa persona.

Porque la vida siempre prevalece al símbolo. Y si los símbolos no tienen nada que reflejar, quedan vacíos de sentido.

Piénsalo de esta manera: imagina que el Cosmos es el espejo en el que nos miramos. Si no pongo nada frente al espejo, no veré nada reflejado en el cristal. El contexto es aquello de lo que partimos para poder trabajar con los símbolos. O sea, es el material que ponemos frente al espejo.

Antes de interpretar tu carta o la de cualquier otra persona necesitas definir muy bien:

— Cuál es la situación de partida
— Qué meta aspira la persona a conseguir
— Qué le frena
— Qué ayudas puede encontrar para impulsarse
— Cómo se siente
— Qué necesita
— Etc.

Cuanto más indagues, mejor podrás interpretar. Así que no temas hacer preguntas ni cuestionarte a ti misma. En una «astrología para el empoderamiento» el objetivo no es adivinar el futuro a nadie, sino trabajar su mentalidad sacando a la luz las creencias limitantes y el potencial escondido. O en otras palabras... hacer consciente lo inconsciente. Porque el futuro, querida mía, no se adivina. El futuro se construye.

De una manera muy simplificada y esquemática, podríamos decir que la sintaxis astrológica funciona así:
— **SUJETO:** El dueño de la carta natal.
— **VERBO:** Los 10 planetas.
— **COMPLEMENTO CIRCUNSTANCIAL DE MODO O ADJETIVO:** Los 12 signos del Zodiaco.
— **COMPLEMENTO CIRCUNSTANCIAL DE LUGAR:** Las 12 casas.
— **RELACIONES ENTRE CADA ELEMENTO:** Los aspectos.

De esta manera, afirmar que «María tiene a Venus en Libra en la casa siete» podría traducirse como «María (sujeto) ama (Venus = verbo) de manera romántica y comprometida (Libra = adjetivo o CCM) en las relaciones de pareja (casa siete = CCL).

Traducir las frases astrológicas requiere mucha pericia y práctica y sobre todo, conocer la situación particular de la persona para poder decir algo con sentido, pero la estructura gramatical en sí es muy sencilla y en seguida puede empezar a aplicarse.

Los aspectos entre planetas nos darán información sobre cómo se integran las diferentes subpersonalidades de cada individuo y qué armonías o conflictos internos pueden surgir.

2. VERBOS: 10 FUNCIONES PLANETARIAS

Los planetas representan los verbos, o sea, diferentes áreas de acción en la vida humana.

Durante la Antigüedad, se creía que la Luna y el Sol eran planetas, por tanto, a nivel simbólico los seguiremos tratando como tales y desempeñarán las funciones que les son afines según su sentido simbólico. Se trata de los dos cuerpos celestes más importantes en tu mapa natal, así que no los pierdas nunca de vista.

Antaño, solo conocíamos siete planetas del sistema solar, aparte del nuestro: Luna, Sol, Mercurio, Venus, Marte, Júpiter y Saturno.

Y a día de hoy todavía existen astrólogos de enfoque conservador que solo consideran esos planetas.

Sin embargo, la mayoría de consultores con orientación psicológica, incorporan también a Urano, Neptuno y Plutón, los planetas transpersonales o «dioses del cambio», como se refiere a ellos Howard Sasportas, psicoterapeuta y autor americano referente en la astrología de índole transpersonal.

Además, cada planeta rige uno o dos signos y contribuye a definir su personalidad arquetípica, según el mito al que hace referencia. Por ejemplo, Tauro y Libra están regidos por Venus y, en consecuencia, ambos adquirirán rasgos de personalidad de la diosa Afrodita. Tauro es un signo creativo y hedonista, y Libra un signo seductor y romántico.

Lo mismo podemos hacer con cada uno de los signos y su planeta regente.

Pero ahora, ¡adentrémonos en el apasionante mundo de las funciones planetarias!

☽ **FUNCIÓN LUNAR:** Necesitar, cuidar, nutrir, expresar afecto, sentir, imaginar.
La Luna rige a Cáncer y las personas que se identifican con este arquetipo son cariñosas, atentas y empáticas.

☉ **FUNCIÓN SOLAR:** Realizarse, irradiar, expresar, desarrollarse, brillar, generar.
El Sol rige a Leo y las personas que se identifican con este arquetipo son radiantes, generosas y creativas.

☿ **FUNCIÓN MERCURIAL:** Comunicar, transmitir, gesticular, moverse, viajar, pensar, idear.
Mercurio rige a Géminis y Virgo y las personas que se identifican con alguno de estos dos arquetipos son inquietas, inteligentes y curiosas.

♀ **FUNCIÓN VENUSINA:** Atraer, desear, gustar, enamorar, disfrutar, seducir, crear.
Venus rige a Tauro y a Libra y las personas que se identifican con alguno de estos dos arquetipos son estetas y disfrutan la armonía y la belleza.

♂ **FUNCIÓN MARCIAL:** Defender, iniciar, pelear, conquistar, competir, imponer.

Marte rige a Aries y las personas que se identifican con este arquetipo son asertivas, competitivas y sagaces. Antiguamente, Marte también regía a Escorpio.

♃ **FUNCIÓN JUPITERIANA:** Expandir, crecer, relacionarse, creer, visualizar, tener fe.

Júpiter rige a Sagitario y las personas que se identifican con este arquetipo creen en el futuro y en las personas. Antiguamente, Júpiter también regía a Piscis.

♄ **FUNCIÓN SATURNINA:** Limitar, cimentar, dar solidez, construir, estructurar, restringir.

Saturno rige a Capricornio y las personas que se identifican con este arquetipo conocen el valor del esfuerzo. Antiguamente, Saturno también regía a Acuario.

♅ **FUNCIÓN URANIANA:** Liberar, revolucionar, innovar, inventar.

Urano rige a Acuario y las personas que se identifican con este arquetipo son visionarias y futuristas.

♆ **FUNCIÓN NEPTUNIANA:** Soñar, intuir, desapegar, soltar, inspirar, presentir.

Neptuno rige a Piscis y las personas que se identifican con este arquetipo son ingenuas, intuitivas y compasivas.

♇ **FUNCIÓN PLUTONIANA:** Destruir, rehacer, sobrevivir, fortalecerse, transformar.

Plutón rige a Escorpio y las personas que se identifican con este arquetipo son intensas, pasionales y resilientes.

Ahora que ya conoces las funciones planetarias, necesitas empezar a combinarlas con los arquetipos.

3. LOS 12 ARQUETIPOS ASTROLÓGICOS

Hablar de arquetipos supone hablar de Carl Gustav Jung, figura clave en la historia de la psicología que nos llevó a entender el funcionamiento de la mente inconsciente, completando las teorías de Sigmund Freud. Jung diferencia entre:

— **El inconsciente personal** (más en la línea de las teorías freudianas), que hace referencia a los contenidos almacenados en el inconsciente cuyo origen es la experiencia individual.
— **El inconsciente colectivo**, que es la parte innata de la mente inconsciente (no nace de la experiencia, sino que ya «estaba ahí») que compartimos con toda la especie humana.

La mente inconsciente está compuesta por instintos que guardan cierta correspondencia con los arquetipos.

Los arquetipos son los contenidos del inconsciente colectivo y pueden categorizarse en:

1. **TEMAS:** la creación del mundo, la venganza, el amor...
2. **EVENTOS:** el nacimiento, la muerte, el matrimonio, la noche oscura del alma...
3. **FIGURAS:** dioses, personajes de cuento...

Cuando nos adentramos en el autoconocimiento a través de la astrología, lo que más nos interesa así, de entrada, son las figuras arquetípicas, que nos hablan de diferentes partes de ti.

Los arquetipos se manifiestan como el surgimiento de pulsiones a sentirte de una determinada manera.

Estos impulsos son guiados por la mente inconsciente, se heredan de generaciones pasadas y contienen una energía propia que algunas veces nos ayudará a conseguir nuestros objetivos y, otras veces, puede que actúe en nuestra contra.

Lo ideal sería que alcanzaras el equilibrio y aprendieses a darle voz a cada faceta que existe en ti (arquetipo) en el momento conveniente. Sin embargo, es frecuente ver que una o varias facetas dominan y el resto permanecen «dormidas». Incluso hay ocasiones en las que los arquetipos que quieren llevar la voz cantante entran en conflicto al representar tendencias contradictorias.

Todos tus arquetipos merecen ser escuchados por igual. Cada uno tiene su lugar y su función y te vuelven más completa. Quizás algunos se mantengan inactivos hasta que llegue un momento concreto de tu vida y cobren fuerza... El caso es que si están ahí es por algo, y conocerlos y saber cómo utilizarlos evitará que ellos te controlen a ti y quedes completamente a merced de tus creencias y patrones inconscientes.

Tu carta astral es un mapa para identificar tu familia arquetípica y empezar a hacer consciente lo inconsciente. Así que vamos a ello. ¿Estás lista para conocer en profundidad los doce signos del Zodiaco?

Clasificación de los arquetipos astrológicos:

La personalidad de cada arquetipo zodiacal es muy reconocible y por tanto nos va a permitir entender nuestra manera de actuar y de ejercer las funciones planetarias.

Si queremos entender cada uno de los doce signos, basta con que nos fijemos en tres sencillos detalles:
— **Cuál es su clasificación** (por polaridad, triplicidad y cuadriplicidad)
— **Qué planeta le rige** y qué mito encarna el dios que le da nombre a ese planeta
— **Qué representa su imagen simbólica** (por ejemplo, la balanza de Libra es sinónimo de equilibrio y justicia).

Clasificación de los signos por polaridad

Los signos se dividen en masculinos (extrovertidos) y femeninos (introvertidos).

Nadie es cien por cien introvertido o cien por cien extrovertido, sino que tenemos un poquito de ambas facetas en distinta medida.

Además, según la etapa de nuestra vida en la que nos encontremos, esto puede variar. Hay personas que son muy introvertidas en su adolescencia y a medida que cumplen años se abren más al mundo, y a la inversa.

Si conoces los arquetipos predominantes en tu carta, te resultará más fácil identificar tu tendencia a mirar hacia dentro o a nutrirte de la relación con el entorno.

— SIGNOS MASCULINOS O EXTROVERTIDOS:
♈ ARIES, ♊ GÉMINIS, ♌ LEO, ♎ LIBRA,
♐ SAGITARIO, ♒ ACUARIO.

Las personas que se identifican con signos masculinos tienden a dirigir su energía hacia fuera y se sienten en su salsa cuando están entre otras personas, interactuando con su alrededor. Les resulta muy fácil expresar y compartir sus sentimientos y recuperan fuerzas relacionándose.

— SIGNOS FEMENINOS O INTROVERTIDOS:
♉ TAURO, ♋ CÁNCER, ♍ VIRGO, ♏ ESCORPIO,
♑ CAPRICORNIO, ♓ PISCIS.

Las personas que se sienten identificadas con signos femeninos llevan el foco a su propio mundo interior y tienen menos interés por los estímulos que encuentran fuera. Por lo general, pasan mucho tiempo absortas en sus pensamientos e ideas y buscan la soledad cuando necesitan recargar energía.

Clasificación de los signos por triplicidad

En el lenguaje astrológico podemos dividir los arquetipos zodiacales en cuatro elementos o triplicidades (se llaman así porque hay tres signos por cada elemento).

La secuencia △ **FUEGO** – ▽ **TIERRA** – △ **AIRE** – ▽ **AGUA** es la que sigue el orden zodiacal y si nos paramos a pensarlo, tiene su lógica: Tras el ímpetu que trae la chispa del fuego, hace falta la estabilidad de la tierra. Pero demasiada tierra puede ser pesada, por lo que le siguen la movilidad del aire y sus pensamientos... Aunque un exceso de razón puede llevarnos a olvidar la emoción, por eso terminamos con el agua, que representa esa parte sentimental.

Elementos y funciones psicológicas

Desde la perspectiva de la psicología analítica, encontramos una correspondencia entre las cuatro funciones psicológicas de las que habla Jung y los cuatro elementos o triplicidades.

En su obra *Tipos Psicológicos*, Carl Gustav Jung diferencia entre las dos actitudes que mencionábamos al hablar de polaridades: extraversión e introversión; y cuatro funciones psicológicas: pensamiento, sentimiento, sensación e intuición.

Al analizar las cuatro funciones psicológicas, encontramos una clara correlación con los cuatro elementos:

 EL ELEMENTO FUEGO se corresponde con la INTUICIÓN

A este elemento pertenecen Aries, Leo y Sagitario, signos que comparten un carácter enérgico y entusiasta, capaz de transmitir energía y ganas y, en consecuencia, movilizar a otros. Los de elemento fuego tienen clara cuál es su visión y qué les inspira, por ello mantienen la vista puesta en el futuro y son muy capaces de verlo venir. Les entusiasma imaginar el abanico de posibilidades que se despliega ante sus pies y proyectar los resultados. Precisamente, la función intuitiva nos habla de la capacidad de percibir esas posibilidades y hace referencia a aquello que no filtramos a través de lo sensorial.

EL ELEMENTO TIERRA se corresponde
con la SENSACIÓN

Al elemento tierra pertenecen Tauro, Virgo y
Capricornio, arquetipos que se caracterizan por su interés
en la materia. Tienen facilidad para echar raíces y generar
abundancia. Les interesa lo concreto, lo real, las leyes
naturales… Y les cuesta confiar en aquello que no pueden
percibir (sensación) con los cinco sentidos. Tienen
facilidad para caminar hacia sus metas, pero necesitan
que la «chispa» del fuego encienda su visión. Además, son
arquetipos que están muy en contacto con el cuerpo y lo
que este les transmite.

 EL ELEMENTO AIRE se corresponde
con el PENSAMIENTO

Pertenecen al elemento aire los signos de Géminis,
Libra y Acuario, precisamente los arquetipos que más
se identifican con sus ideas. Su mente es muy rápida y
disfruta perdiéndose en conceptos y teorías abstractas.
Son, además, signos muy sociables que dan una enorme
importancia a las relaciones humanas y al arte de la
conversación. La tendencia que tienen a priorizar
lo mental provoca que den la sensación de ser poco
emocionales y que tiendan a sobre analizarlo todo.

 EL ELEMENTO AGUA se corresponde
con el SENTIMIENTO

No en vano, en un nivel simbólico el agua se asocia a las
emociones. Al elemento agua pertenecen los arquetipos
de Cáncer, Escorpio y Piscis. Estos signos se caracterizan
por estar muy en contacto con su naturaleza emocional
y ser muy sensibles y receptivos. A veces se pierden en la
intensidad de aquello que sienten y están dominados por
una inevitable subjetividad. Los sentimientos emergen de
las aguas profundas del inconsciente y hacen de estos tres
arquetipos individuos realmente intuitivos.

Las cuatro funciones psicológicas están presentes en todos nosotros, pero una de ellas se percibirá como más desarrollada (función superior), otras dos estarán más o menos desarrolladas (funciones accesorias) y otra no la habremos desarrollado mucho y operará a un nivel inconsciente y primitivo (función inferior).

Las funciones van emparejadas de esta manera: «Intuición con Sensación» y «Pensamiento con Sentimiento».

Si tu función superior es una de la pareja, la inferior será la otra. O sea, si tu función superior es la intuición, la función inferior será la sensación, y viceversa. Mientras que si tu función superior es el pensamiento, la inferior será el sentimiento, y viceversa.

Los ocho tipos psicológicos de Jung nacen de emparejar actitudes y funciones. Así, podemos hablar del extrovertido intuitivo, el introvertido intuitivo, el extrovertido sensación, el introvertido sensación, el extrovertido pensamiento, el introvertido pensamiento, el extrovertido emocional y el introvertido emocional.

Analizar tu carta natal puede ayudarte a identificar cuáles son tu función superior e inferior y también tu tipo de personalidad, pero en ningún caso vas a poder evitar la autoindagación, ya que el horóscopo nunca tiene una respuesta definitiva.

Que seas del signo solar Escorpio, signo de agua, no significa que tu función superior venga marcada por el sentimiento... Sobre todo si en el entorno de tu primera infancia se han reprimido las emociones de manera sistemática y te has visto obligada a priorizar el pensamiento.

El conflicto viene servido cuando el equilibrio de elementos se da entre funciones opuestas. Por ejemplo, alguien que tiene mucho fuego (intuición) pero también mucha tierra (sensación), o alguien en cuya carta hay mucha agua (sentimiento) y mucho aire (pensamiento).

En cualquier caso, puedes tomar tu carta natal para empezar ese ejercicio de reflexión que resulta ineludible y tener así una guía muy valiosa para empezar a crear conciencia.

También podemos dividir el Zodiaco en tres grupos de cuatro signos cada uno, conformando así tres triplicidades o modalidades: Cardinal, Fija y Mutable.

No podemos perder de vista que el lenguaje zodiacal sigue la lógica del hemisferio norte, que es donde nace, y parte del significado simbólico de cada arquetipo depende de la época del año en la que el Sol transita determinada zona del cielo.

Por tanto, para entender las cuadriplicidades nos basaremos en las estaciones del hemisferio norte.

— **CARDINAL:** Los signos cardinales son aquellos que en el Zodiaco Tropical estrenan una estación. O sea, **ARIES** (primavera), **CÁNCER** (verano), **LIBRA** (otoño) y **CAPRICORNIO** (invierno).

Los cuatro signos cardinales son iniciadores por excelencia. Es por esto que todos ellos tienen la cualidad de pioneros. Están llamados a empezar algo, a lanzarse a lo nuevo, a comenzar con fuerza.

— **FIJA:** En los signos fijos se consolida la estación. Se trata de Tauro (consolidación de la primavera), **LEO** (consolidación del verano), **ESCORPIO** (consolidación de otoño) y **ACUARIO** (consolidación del invierno).

El clima se estabiliza y todo se vuelve más apacible. He aquí la analogía con los signos fijos. Son tercos, obstinados y predecibles. Le tienen miedo a lo inesperado, o al menos, a salirse del patrón que han predefinido mentalmente. Trabajan con ahínco en las metas que se han fijado y es que, cuando miran al futuro, lo hacen con las ideas muy claras, por eso no les gustan los imprevistos.

— **MUTABLE:** Con ellos termina la estación para dar paso a una nueva. Son:
GÉMINIS (el final de la primavera),
VIRGO (el final del verano),
SAGITARIO (el final del otoño) y
PISCIS (el final del invierno).

Expresan la inestabilidad que caracteriza al período entre dos estaciones. Como son un poco de aquí y un poco de allá, han aprendido a adaptarse y navegar en la dirección que marca el viento. Se muestran inteligentes y cambiantes, siendo capaces de relativizar y de concederle a los problemas la importancia justa.

LOS DOCE SIGNOS ZODIACALES

Con todo lo que hemos visto ya tenemos material suficiente para comprender por qué son como son los doce signos del Zodiaco, o lo que es lo mismo, esos doce arquetipos universales. Profundicemos ahora en ellos, uno por uno:

 ARQUETIPO DE **ARIES:** *Masculino, de fuego, cardinal y regido por Marte, dios de la guerra.*

Es el primero de los primeros. Por eso no se piensa mucho las cosas… Aries actúa y después ya se plantea si era la mejor idea o no. Valientes y decididos. Los que se identifican con este signo son expertos en hacer que algo suceda. Prefiere pedir disculpas a pedir permiso y se pasea por la vida con una seguridad apabullante.

Son sinceros, abiertos y de pronto rápido. Aunque con la misma rapidez olvidan y perdonan.

Su franqueza, su valentía y su espíritu competitivo les convierten en buenos dirigentes, grandes deportistas y valientes militares.

Todos tenemos a Aries en algún lugar de nuestro mandala zodiacal y todos podemos aprender a desarrollar cualidades relacionadas con el liderazgo, los límites y la capacidad de decisión.

℧ **ARQUETIPO DE TAURO:** *Femenino, de tierra, fijo y regido por Venus, diosa del amor y la belleza.*

Tauro llega con la consolidación de la primavera, en época de la celebración celta de Beltane, y lo hace representado por la poderosa figura del toro. Por eso, a los taurinos no les gusta que les metan prisa... Prefieren tomarse las cosas con calma e ir a su ritmo. Sin que nadie les moleste.

Hijos de Venus, aprecian la belleza y el placer en todas sus formas. Como buenos hedonistas se mueven motivados por el estímulo de la recompensa. Así que si no hay premio, posiblemente se quedarán donde están, anclados en la insidiosa zona de confort.

Las personas que se identifican con Tauro son leales, pacientes y honestas. Huyen del conflicto y de los problemas y se esfuerzan porque en su mundo reine la paz.

Para ellos son de vital importancia la seguridad y la abundancia. Les tranquiliza saber que no les faltará de nada y adoran rodearse de cosas bonitas.

Tauro prefiere profesiones que le aporten seguridad, aunque también puede dedicarse al arte, dadas sus dotes de esteta.

Todos tenemos a Tauro en algún lugar de nuestra carta y todos podemos aprender a conectar con la seguridad y la abundancia.

∏ **ARQUETIPO DE GÉMINIS:** *Masculino, de aire, mutable y regido por Mercurio, mensajero de los dioses.*

Géminis es el primero de los signos de aire, y por lo tanto, nos muestra el valor de las relaciones.

Su curiosidad le mueve a salir a descubrir el mundo e investigar todo aquello que se le ponga por delante.

Las personas que se identifican con este arquetipo son inquietas, curiosas e inteligentes. Tienen un marcado sentido del humor que es su mejor aliado cuando las cosas se complican. Porque, al mal tiempo, buena cara, y los problemas siempre se ven diferentes si los enfrentamos con una sonrisa.

A Géminis le encanta aprender cosas nuevas y a veces se dispersa empezando varios proyectos a la vez. Mantener el foco centrado en una sola cosa le ayudará a conseguir sus objetivos.

Es sociable por naturaleza y le encanta encontrarse con sus amigos e intercambiar ideas e historias.

Encontramos el arquetipo de Géminis en los buenos comunicadores, comerciantes, escritores, periodistas y monologuistas.

Todos tenemos a Géminis en algún lugar de nuestro mandala zodiacal y todos podemos aprender a abrir la mente y reírnos de nosotros mismos sin dramatizar.

ARQUETIPO DE **CÁNCER:** *Femenino, de agua, cardinal y regido por la Luna, que tiene su reflejo en diosas como Deméter, Artemisa y Hécate.*

Con Cáncer vuelve a comenzar una estación. Esta vez se trata del verano en el hemisferio norte, la época del año en la que compartimos más tiempo con la familia, puesto que coincide con las vacaciones estivales.

Y las personas que se identifican con el arquetipo de Cáncer resulta que son tremendamente familiares y muy protectoras con los que consideran «los suyos». Les gusta que la tribu esté unida y se apoye en los momentos difíciles.

Soñadores, románticos, imaginativos y sensibles… Los cangrejos disfrutan mucho cuando pueden curiosear viejos álbumes de fotos, cocinar postres deliciosos y pasar tiempo de calidad en casa.

Si se sienten atacados, se cerrarán en su duro caparazón y no permitirán que franquees la barrera. Necesitan tiempo y confianza para abrirse y mostrarte cómo de tiernos y blanditos son en realidad. Y cuando lo hagan, descubrirás lo mucho que tu paciencia ha merecido la pena.

Los de Cáncer pueden ser grandes chefs, pasteleros, historiadores, guías turísticos y empresarios de turismo rural.

Todos tenemos a Cáncer en algún rincón de nuestra carta natal y todos podemos desarrollar una mayor empatía y una mayor capacidad para conectar con los demás.

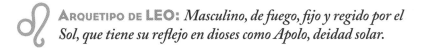

ARQUETIPO DE LEO: *Masculino, de fuego, fijo y regido por el Sol, que tiene su reflejo en dioses como Apolo, deidad solar.*

Leo es la consolidación del verano y llega en una temporada en la que el Sol brilla inclemente, obligándonos a buscar cobijo a la sombra durante las horas centrales del día.

Tal vez por eso, aquellas personas que tienen una fuerte identificación con el arquetipo del león irradian una luz especial. De una manera u otra, su presencia se hace notar donde se encuentran. A veces, simplemente se debe a su manera de caminar, segura y erguida. Otras, porque sus expresiones son dramáticas y exageradas, por lo que resulta imposible que pasen desapercibidos.

Los de Leo son muy carismáticos y se sienten orgullosos de sí mismos. Están convencidos de que han venido al mundo a dejar un legado y en todo lo que hacen ponen su sello personal.

Además, se trata de personas generosas y cálidas que defienden con uñas y dientes a quienes les han mostrado lealtad. Eso sí, Leo no perdona una ofensa, y menos una falta de respeto. Si te lo quieres ganar, tendrás que mostrarle una admiración libre de envidias.

Los que se identifican con este arquetipo destacan en profesiones relacionadas con el mundo del espectáculo, la moda, la política y todo tipo de trabajos creativos.

Todos tenemos a Leo en nuestro mandala zodiacal y todos podemos cultivar un mayor sentido de la autoestima y el amor propio, y desarrollar nuestra creatividad.

♍ **ARQUETIPO DE VIRGO:** *Femenino, de tierra, mutable y regido por Mercurio, el mensajero de los dioses.*

Con Virgo el verano toca sus últimos acordes y poco a poco podemos entrever cómo soplan los vientos de cambio y se asoma por el horizonte esa vuelta a la rutina que no se hará esperar.

Hijos terrenos de Mercurio, aquellas personas que se ven reflejadas en el arquetipo de la virgen son meticulosas y perfeccionistas. Jamás perdonan un error... Y mucho menos si es propio.

Su capacidad para la crítica les lleva a ser muy duros consigo mismos, pero también con los demás. Por lo que deben intentar trabajar la tolerancia si desean tener relaciones armónicas y una autoestima saludable.

Eso sí, es difícil que un Virgo te falle. Siempre están a la altura de las expectativas y se esfuerzan por realizar un trabajo impecable. Son perfeccionistas al máximo y no se les escapa ni una.

Además, muestran preocupación sincera por quienes les importan y se desviven por ellos. Virgo siempre está dispuesto a echar una mano a quien necesita ayuda.

Puntuales, meticulosos, ordenados y muy limpios, los de este signo se esfuerzan por mantener la armonía y la simplicidad en su entorno y huirán de ti si traes a su mundo el caos.

Las personas que se identifican con este arquetipo son grandes artesanos, pacientes profesores y académicos brillantes.

Todos tenemos a Virgo en alguna parte de nuestra carta y todos podemos aspirar a la maestría y el trabajo bien hecho.

♎ **ARQUETIPO DE LIBRA:** *Masculino, de aire, cardinal y regido por Venus, diosa del amor y la belleza.*

Con Libra comienza la estación del otoño y la naturaleza se viste de gala, exhibiendo la belleza anaranjada, marrón y amarilla que adorna los árboles. Una época romántica como pocas, donde el clima todavía es benigno y las parejas pueden disfrutar sin reparos de los parques y las terrazas al aire libre.

Quizás por eso los de Libra son grandes estetas y viven enamorados del amor.

Su buen gusto es de sobra conocido. Lo reflejan en la manera que tienen de vestirse, maquillarse, decorar su casa y elegir todo tipo de accesorios y complementos. El hecho de que algo sea bonito les importa mucho y puede determinar sus decisiones de compra por encima de otros factores.

Sociales por naturaleza, dan una importancia vital a las relaciones que tienen con otras personas, especialmente a las de pareja. Se sienten felices cuando caminan acompañados y enamorados... Y sufren mucho si la historia de amor por la que han apostado fracasa. Aprender a ser más independientes y autónomos es importante para ellos. También el dejar de lado las dudas eternas y tomar decisiones desde su sabiduría interior.

Además, son simpáticos, considerados y elegantes. Los del signo de Libra alegran la vida de todos los que les rodean porque se esfuerzan en lograr que reine la armonía en su entorno y siempre consiguen sacar una sonrisa a aquel que tienen en frente.

Los de este signo destacan en profesiones donde tengan que hacer uso de su sentido estético o de sus habilidades sociales. Tienen facilidad para el diseño de moda, la decoración de interiores, las relaciones públicas y la diplomacia.

Todos tenemos a Libra ubicado en algún sitio de nuestra carta astral y todos podemos aprender a cultivar la armonía y a valorar la belleza.

ARQUETIPO DE ESCORPIO: *Femenino, de agua, fijo y regido por Plutón, dios del inframundo.*

Escorpio representa la consolidación del otoño. Esa época en la que el verano quedó definitivamente atrás y el frío y la lluvia comienzan a ser habituales... Ahora ya nos va quedando claro que caminamos hacia la oscuridad. De hecho, es en el mes de Escorpio cuando celebramos Halloween y la festividad de difuntos, evidenciando su relación con el reino de Hades, territorio de los espíritus.

Haciendo honor a su signo, los de Escorpio son callados y misteriosos. Pueden parecer tranquilos, pero en su interior guardan un volcán de fuego a punto de entrar en erupción. Por eso, el autocontrol es muy importante para ellos ya que representa una forma de protegerse. Se esfuerzan en que los demás no puedan adivinar sus intenciones ni desvelar qué están sintiendo y, en cambio, necesitan conocer muy bien las motivaciones del que tienen en frente para sentirse seguros. Los escorpiones guardan muchos secretos pero no te permitirán que les escondas nada. De hecho, están dotados de un olfato especial para detectar mentiras.

Intensos, pasionales y radicales, aquellas personas que tienen una carga arquetípica fuerte de este signo tienden a ir a los extremos. Son de blanco y negro. De todo o nada. De frío o caliente... Y si no les amas, es que les odias. Para ellos, la escala de grises no existe, más bien es sinónimo de hipocresía.

En lo que tienen un máster es en eso de superar las crisis. Fuertes, resilientes e inspiradores... Los nativos de este signo resurgen fortalecidos de cada embiste que les da la vida y saben comprender y acompañar como nadie a aquellas personas que lo están pasando mal.

Los de Escorpio pueden convertirse en avezados investigadores, hábiles cirujanos o discretos detectives privados.

Todos tenemos a Escorpio en nuestro mandala zodiacal y todos podemos aprender a fortalecernos en las adversidades y sustraer un aprendizaje de las experiencias difíciles.

 **ARQUETIPO DE SAGITARIO:** *Masculino, de fuego, mutable y regido por Júpiter, rey del Olimpo.*

El tiempo de Sagitario coincide con el final del otoño en el hemisferio norte y trae la promesa del Sol invencible, ese que nos llegará recién estrenado el invierno.

Quizás por eso, los nativos de Sagitario parecen cantarle una oda a la esperanza y a todo lo bueno que está por llegar. Y es que las personas que se identifican mucho con este arquetipo son optimistas por naturaleza y toman riesgos sin miedo, confiando en que el universo les apoya y en que todo les irá bien.

Sagitario se asocia también con la ausencia de límites. No soporta que le impongan las cosas o que le digan que no puede. De hecho, el mundo para el centauro no tiene fronteras. Le encanta viajar y descubrir nuevos paisajes, territorios y personas. Todo lo que huele a multicultural le fascina y nada le pone más contento que colgarse la mochila a las espaldas y coger un avión con rumbo lejano.

También le fascina aprender y profundizar sus conocimientos. El saber no ocupa lugar y como los Sagitario son estudiantes de la vida muy aplicados, tienen potencial para convertirse en grandes maestros.

Para las personas que se identifican mucho con este arquetipo su crecimiento personal y espiritual es muy importante, y dedicarán grandes esfuerzos a ser mejores y tener mayor conciencia.

Eso sí, los centauros son muy tercos y apasionados y disfrutan el discutir de manera ardorosa y acalorada. Es difícil llevarles a cambiar de opinión y pueden herir los sentimientos de otros con facilidad.

Sin embargo, si buscas un amigo honesto, entusiasta y de alegría contagiosa, alguien con mucho de Sagitario es tu candidato ideal.

Además tienen potencial para ser grandes profesores de universidad, agentes de viajes, antropólogos o investigadores de la naturaleza.

Todos tenemos a Sagitario en algún lugar de nuestra carta natal y todos podemos aprender a desarrollar una actitud optimista y positiva ante la vida.

♑ **Arquetipo de CAPRICORNIO:** *Femenino, de tierra, cardinal y regido por Saturno, dios del tiempo.*

El reinado de Capricornio comienza con la llegada del invierno y la noche más larga de todo el año. Y aunque el clima es adverso, las horas de luz se nos antojan escasas y la naturaleza parece dormida, es en los tiempos de la cabra cuando iniciamos el camino de vuelta a casa, a la primavera, la alegría, la vida... Por eso, progresivamente el día le va robando horas a la noche y devolviendo la esperanza a nuestros corazones.

Los nativos de Capricornio traen esa resiliencia de serie. Saben que lo bueno se hace esperar y están preparados para aguantar estoicamente. Y es que la perseverancia es la clave de su éxito. Junto a la capacidad de soportar las condiciones más duras y moverse como pez en el agua en territorios escarpados (solo hay que fijarse en el animal que les representa).

Es el signo del millonario hecho a sí mismo, del gobernante, del empresario que empezó sin nada y supo crear un legado de abundancia.

Los de la cabra montesa son realistas y ambiciosos. Que vayan pasito a paso no significa que sus metas sean modestas, más bien lo contrario. No hay nada imposible si la determinación a lograrlo es incuestionable.

Tienen tendencia a ser adictos al trabajo y les cuesta mucho esfuerzo delegar. Y es que su sentido de la responsabilidad es inmenso y secretamente piensan que nadie va a ser capaz de hacerlo igual de bien que ellos.

Sin embargo, también saben ser los reyes de la fiesta y hacer gala de un fabuloso sentido del humor. No olvidemos que su símbolo es cabeza y torso de cabra montesa, pero cola de pez... ¡Son duales y muy capaces de soltarse la melena!

Capricornio es esa persona que nunca te fallará y siempre estará a la altura. Si eres capaz de observar el tiempo suficiente, verás sus pasos marcando la ruta de ascenso a la cumbre.

Todos tenemos a Capricornio en alguna parte de nuestro mandala zodiacal y todos podemos integrar los valores del esfuerzo y la resiliencia en nuestras vidas.

⋀⋀⋀ **ARQUETIPO DE ACUARIO:** *Masculino, de aire, fijo y regido*
⋀⋀⋀ *por Urano, dios del cielo.*
Acuario llega con la consolidación del invierno. Los días siguen siendo fríos pero el incremento progresivo en las horas de luz parece traer la promesa de una primavera incipiente. Quizás, por eso, Acuario tiene alma visionaria y mira al futuro deseoso de aprehenderlo. Y es que una vez hemos entrado del todo en el nuevo año, el pasado queda irremediablemente atrás y lo único que espera por delante son posibilidades, potencial, promesas…

Como buen signo de aire, Acuario es idealista y crea en su cabeza las realidades que le gustaría construir. Cada día sueña con un mundo mejor, mientras se compromete a poner de su parte para poder realizarlo. Para él, lo imposible no existe y la utopía es un estado temporal.

Las personas que sienten una fuerte identificación con el arquetipo de Acuario son sumamente solidarias, por lo que tienen un elevado concepto de la Justicia Social. No luchan únicamente por sus propios intereses, sino que consideran el bien común y el beneficio del colectivo. Es frecuente encontrarles trabajando en ONG o movilizándose para ayudar a aquellos más desfavorecidos.

Además, se proclaman grandes amantes de la libertad y no permitirán que nadie les corte las alas. En caso de que se sientan agobiados querrán salir corriendo, sin importarles qué o a quién se llevan por delante.

Hay quien les acusa de insensibles al no saber ver que para ellos lo primero es entender las cosas, y ya en segundo término, sentirlas. No es que no sufran, sino que se apoyan en la razón para restar dramatismo a la vida.

Muy sociables, les encanta estar rodeados de gente diferente y compartir. En general, prefieren la multitud y la diversidad a las distancias cortas y las personas posesivas.

Si quieres mantener a aquel de Acuario a tu lado, demuestra tu implicación por querer salvar el mundo y concédele su espacio. Si no intentas atarle, nunca se irá.

Todos tenemos a Acuario en nuestra carta natal y todos podemos aprender a innovar y ser más tolerantes.

♓ ARQUETIPO DE PISCIS: *Femenino, de agua, mutable y regido por Neptuno, dios del mar.*

Con Piscis todo termina. Es el doceavo signo y el que pone punto y final a la rueda zodiacal. Bueno… O no. Porque en realidad hay una nueva primavera aguardando. Si todo acaba es para volver a comenzar. Y lo veremos con el próximo cero de Aries.

El tiempo de Piscis representa el último tramo del invierno… Esa etapa en la que los primeros almendros y cerezos en flor sugieren que en realidad la vida ya ha empezado a resurgir incluso semanas antes de que llegue el equinoccio.

Por eso, Piscis confía ciegamente en la existencia. Hay quien le acusa de ingenuo sin saber que, en realidad, su actitud nace de la voz de la experiencia. ¿Cómo me puedes intentar convencer de que todo termina en el invierno *cuando yo ya estoy viendo esos primeros nuevos brotes que anuncian un nuevo ciclo?*

Su sabiduría le vuelve tolerante, humilde y compasivo. Y es que el tiempo termina bajándonos los humos y en cierta manera nos enseña que, antes de juzgar a otro, debemos examinar nuestro propio corazón. El único filtro posible es el amor incondicional.

Como este arquetipo ocupa la frontera que se alza en el abismo donde la muerte y la vida parecen sellar un pacto, las personas que se identifican con él son extremadamente intuitivas. Se trata de nativos con una sensibilidad especial para percibir aquello que se escapa a los cinco sentidos.

Además, poseen un talento muy marcado para el arte y una capacidad creativa inmensa. Su espíritu sensible muchas veces les lleva a dedicarse a la música, la pintura o la interpretación.

Son compasivos, escuchan como nadie y tienen un corazón enorme que no les cabe en el pecho. Quizás, en lo que más tengan que esforzarse es en aprender a poner límites y no caer en la trampa de depositar su confianza en aprovechados. La candidez ingenua de Piscis es un imán para las personas de pocos escrúpulos.

Espirituales, bondadosos e inspirados, si tienes un Piscis cerca sabes que nadie más puede ofrecerte las mismas dosis de empatía. Cuídale mucho porque no solo se lo merece, sino que también lo necesita.

Todos tenemos a Piscis en algún lugar de nuestra carta y todos podemos desarrollar una actitud más bondadosa y compasiva y aprender a escuchar a nuestra intuición.

4. LAS 12 CASAS ASTROLÓGICAS

Las casas son las doce porciones en las que se divide tu carta astral y actúan como Complemento Circunstancial de Lugar en nuestra particular sintaxis. Pero ojo, que cuando hablamos de lugar, nos referimos tanto a sitios físicos como a elementos conceptuales.

Por ejemplo, la casa 4 representa tu casa (lugar físico), pero también el concepto de hogar (conceptual), la familia (conceptual), el padre (conceptual), los ancestros (conceptual), etc. Es necesario abrir la mente y entender que esas áreas que nos proponen las casas no siempre las vamos a poder ubicar sobre un mapa, porque son aspectos de nuestras vidas que no se miden en metros cuadrados.

¿Qué representa cada una de las doce casas?

— CASA I: Comienza en el punto marcado por tu signo ascendente (ese que se elevaba en el horizonte a la hora exacta de tu nacimiento) y representa tu aspecto físico y la energía que utilizas para desenvolverte con el mundo. Hace referencia a tu identidad y está muy vinculada al concepto de ego y las creencias que has adquirido sobre quién eres.

— **CASA 2:** Esta casa se relaciona con la valía. Representa la seguridad y el amor propio, pero también al dinero que ganas y los niveles de abundancia y prosperidad que hay en tu vida. ¿Qué te da tranquilidad?, ¿cómo obtienes ingresos? Estas preguntas las podemos analizar explorando tu casa 2.

— **CASA 3:** La casa 3 nos habla de tu vecindario, tu colegio, tu barrio, la comunidad de vecinos, tus hermanos, tus primos, los parientes cercanos, aquellos amigos que son como hermanos, y esos pensamientos que reflejan tu mente concreta. También indica viajes cortos y cursillos y talleres que puedas hacer.

— **CASA 4:** Aquí encontramos tu casa como propiedad inmobiliaria, pero también tu hogar. Al encontrarse en lo más bajo de tu carta, representa tus raíces y lo que te da sustento y base. Puedes identificarla con la figura del padre y en general con tu linaje. Y con los momentos de tu vida que marcan un punto y aparte.

— **CASA 5:** En esta casa encontrarás al amor verdadero, el romance, el disfrute y la creatividad (incluyendo todo tipo de proyectos creativos). También es el lugar que nos habla de tus hijos y la relación que tienes con ellos. Es la casa que te ayuda a conectar con tu niña interior.

— **CASA 6:** La casa 6 representa tu oficina o lugar de trabajo. También nos habla de tus hábitos y rutinas y, debido a ello, además expresa enfermedades crónicas y dolencias causadas por malos hábitos. Es la casa del trabajo asalariado y de las personas que son nuestras subordinadas. También la de los animales domésticos y mascotas.

— **CASA 7:** Esta casa representa al matrimonio, a tu pareja estable, a aquel socio con quien emprendes un proyecto y en general a cualquier persona con quien mantienes una relación de tú a tú de importancia. Esto incluye a tu enemigo acérrimo. Ese que sabes bien quien es.

— **CASA 8:** La casa 8 refleja tu intimidad, tanto sexual como tus secretos. Es la casa del dinero de otros, la cuenta compartida con tu pareja, las indemnizaciones, las hipotecas, las herencias... Además, simboliza momentos de crisis y transformación.

— **CASA 9:** Es la casa de la universidad y los viajes largos. Representa la mente abstracta y el aprendizaje superior. En ella también encontramos a tu familia política y los juicios que puedas tener por asuntos legales. Por otro lado, nos habla de tu idea de Dios y la espiritualidad, tu visión filosófica del mundo y del potencial para divulgar tus conocimientos.

— **CASA 10:** La casa del éxito. Representa tu reputación y tu imagen pública, la carrera profesional que desarrollas, tu popularidad... Esta casa también nos habla de la figura materna.

— **CASA 11:** Es la casa de los amigos y de los grupos y asociaciones a los que perteneces. Hace referencia a asuntos colectivos y también a esos sueños largamente anhelados que te gustaría llegar a cumplir.

— **CASA 12:** Se trata de la última casa, y por eso representa finales y cosas que llegan a su completitud. Habla de tu experiencia intrauterina y cómo vivió tu madre el embarazo. También simboliza tu mente inconsciente y la necesidad que tienes de retiro y descanso. Además, representa aquello que ocultas o que está a tus espaldas y aún no has visto.

5. RELACIONES DE ASPECTOS

Los aspectos determinan las relaciones que se establecen entre los distintos planetas (incluyendo otros puntos significativos de la carta).

Se basan en la distancia geométrica que hay entre los distintos cuerpos celestes y explican la integración entre nuestras diferentes subpersonalidades y cómo combinamos diversas facetas del ser.

El objetivo de este breve dosier es meramente introductorio ya que dominar la interpretación de aspectos requiere tiempo y práctica.

Como toma de contacto se ofrece una breve síntesis de los aspectos mayores:

☌ **CONJUNCIÓN:** Cuando dos planetas están separados por una distancia de entre 0 y 10°. O sea, estos dos planetas están juntos o muy cerca el uno del otro. Se trata de un aspecto intenso que suma y fusiona las energías de los dos planetas.

☍ **OPOSICIÓN:** Cuando dos planetas están separados por una distancia de 180° (con 10° de margen —orbe— en uno y otro sentido). En este caso un planeta está en frente del otro. Es un aspecto que genera tensión y dificultades de integración. Habla de dos subpersonalidades opuestas que hemos de integrar de manera sana. En ocasiones, alternamos entre una y otra. Si negamos una de ellas, puede existir la tendencia de proyectarla en otra persona o en acontecimientos externos.

△ **TRÍGONO:** Cuando dos planetas están separados por una distancia de 120° (con 8° de margen —orbe— en uno y otro sentido). Se trata de un aspecto armónico que expresa dones, facilidades y apoyos. El peligro es caer en la inacción y desaprovecharlo.

✳ SEXTIL: Cuando dos planetas están separados por una distancia 60° (con 6° de margen —orbe— en uno y otro sentido). Es un aspecto armónico de influencia muy similar al trígono, pero más sutil y leve.

▢ CUADRATURA: Cuando dos planetas están separados por una distancia de 90°, formando un ángulo recto (con 8° de margen —orbe— en uno y otro sentido). Es un aspecto tenso que habla de obstáculos, dificultades y subpersonalidades difíciles de integrar. Refleja un gran potencial de superación.

Puedes consultar toda esta información para acercarte al símbolo buscando guía y unas pautas iniciales que te permitan abordarlo, pero no olvides que cada símbolo señala una realidad que ya existía sin necesidad de indicadores.

Vuelve a este dosier astrológico siempre que te surjan dudas al empezar a interpretar. Será tu referencia simbólica, tu recurso a la hora de empezar a mirar tu realidad en clave astrológica.

A partir de ahora centraremos el trabajo en tus procesos mentales ya que el universo representa, en su versión más profunda, una alegoría de lo que sucede dentro de ti.

¡Vamos a ello!

1
¿Qué es el destino?

La palabra destino es sinónimo de meta. ¿Alguna vez te habías parado a pensarlo? Resulta superlógico y, sin embargo, aún hay quien está plenamente convencido de que no puede cambiar su destino... ¡Y esa idea es una cosa absurda! Imagina que hemos decidido irnos a pasar unos días a Galicia, pero a mitad de camino dan el pronóstico del tiempo y nos enteramos de que va a estar lloviendo toda la semana. Tenemos la opción de continuar con nuestra ruta y bailar bajo la lluvia. O podemos cambiar la dirección del GPS y bajar a Cádiz para disfrutar del sol. Lo sé... La alteración de los planes implica muchos kilómetros extra, pero mi intención al ponerte este ejemplo es que tomes conciencia de que en cualquier momento puedes modificar tu destino, ligeramente o de manera radical. Tan solo hace falta decidir dónde quieres llegar y hacerte con un GPS o un mapa. Y estoy hablando literal y metafóricamente. Porque, por supuesto, puedes usar tu carta natal como mapa.

¿Te has percatado de que la lengua inglesa es mucho más precisa para definir el término destino que el español? Ellos diferencian entre:

— *Fate:* Acontecimientos que no dependen de la voluntad de una persona.
— *Doom:* Eventos terribles y desgraciados que escapan a nuestro control.
— *Serendipity:* Eventos especialmente afortunados que acontecen por casualidad.
— *Destiny:* El poder que gobierna el futuro.
— *Destination:* El lugar a donde llega algo o alguien.

Todas estas palabras las podemos traducir por «destino», pero cada una tiene su propio matiz que le da un sentido totalmente distinto. Y vale, quizás los anglosajones tienen más riqueza lingüística en lo que concierne a los matices del destino, pero a cambio, el idioma español nos ofrece una claridad brutal que no deja lugar para la duda: Destino es el lugar al que te llevan tus pasos. Y punto. Incluso cuando la fatalidad hace acto de presencia o cuando los vientos soplan de cara, siempre puedes decidir hacia dónde vas. Quizás avances más deprisa o más despacio, pero eres la dueña absoluta de tu senda. Haces camino al andar... Así que muévete con conciencia y llegarás donde te propongas.

La negación del libre albedrío nos condena a una existencia de títeres en manos de fuerzas superiores e inabarcables.

Puedes entender el destino como un poder externo a ti. O puedes abrazar tu propia grandeza y aceptar la inconmensurable tarea de construir el mañana.

Y, ¿sabes? Elijas la postura que elijas, llevarás razón. Ya nos lo dejó clarito Henry Ford: «Tanto si crees que puedes, como si crees que no puedes, estás en lo cierto». En el momento en el que sueltas el timón, has aceptado ir a la deriva... En cambio, si te responsabilizas de tu viaje, quizás arribes a nuevos lugares con paisajes hermosísimos. Merece la pena intentarlo, ¿no? Especialmente porque al hacerlo, te estás asegurando vivir una existencia rebosante de propósito, en lugar de encadenar días y noches pasando por tu realidad de puntillas y con el piloto automático puesto. La elección te pertenece. Con todas sus consecuencias.

El carácter es destino

Quiero que te convenzas un poco más de la capacidad que tienes de influir en la construcción de tu porvenir, y por eso te voy a invitar a llevar la mirada a la antigua Grecia; concretamente a las enseñanzas de Heráclito de Éfeso, el filósofo presocrático que dijo aquello de: «El carácter es destino».

¡Y es que Heráclito llevaba razón! Tu forma de ser y de entender la vida determina el lugar al que llegarás. Pero ¿sabes? El carácter es modificable. Y por tanto, el destino también lo es. Con este silogismo recuperamos la capacidad de crear una vida que merezca realmente la pena. Porque no estamos condicionadas, sino que somos libres de evolucionar y crecer.

Para entender bien el concepto, hace falta concretar lo que es el carácter. Si lo explicamos de manera sinóptica, podemos decir que se trata de uno de los dos elementos básicos de la personalidad: el que depende de la experiencia. O sea, que es aprendido.

El otro elemento, por el contrario, es innato y tiene un componente genético. Lo llamamos «temperamento».

PERSONALIDAD = CARÁCTER + TEMPERAMENTO

Para el psicólogo español José Bermúdez Moreno la personalidad es una «organización relativamente estable de características estructurales y funcionales, innatas y adquiridas bajo las especiales condiciones de su desarrollo, que conforman el equipo peculiar y definitorio de conducta con que cada individuo afronta las distintas situaciones».

Esta definición deja claro que la personalidad es estable, pero no inamovible. ¡Por supuesto que se puede evolucionar!

Además de las tendencias innatas (temperamento), la personalidad se conforma con características adquiridas (carácter). O sea, que la experiencia es un grado que interviene en nuestra forma de ser. Lo que nos sucede no nos pasa en balde, sino que nos moldea y nos transforma, sobre todo si somos capaces de extraer su sentido más profundo.

Incluso el temperamento, que se considera algo fijo e inamovible, se puede modelar. Y en este sentido resulta superinteresante la visión del biólogo molecular americano Bruce H. Lipton en contra del determinismo genético y a favor de la enorme importancia del entorno y las creencias en la expresión de los genes.

El aprendizaje nos ayuda a pensar diferente, sentir diferente y actuar diferente. Y al hacerlo, estamos modificando la meta (o destino) a la que nos condenaba la inercia. Aprender de lo vivido es el primer paso para construir una vida más prometedora y así lograr grandes cosas.

Pero no se trata de una tarea baladí. Hace falta un profundo trabajo de autoconocimiento y desarrollo personal para empezar a mirar el mundo con otros ojos.

La apasionante aventura del autoconocimiento

«Conócete a ti mismo» reza un sugerente aforismo en la entrada del templo de Apolo en Delfos (también atribuido a Heráclito, por cierto).

Con tan solo cuatro palabras se nos presenta una visión inspiradora del sentido más profundo de la existencia. No hay empresa más ambiciosa ni aventura más apasionante que la de llegar a la propia esencia.

Posiblemente esa fue la razón por la que empezamos el viaje... ¡Hagamos que merezca la pena!

Piensa en tu carta astral como una de las herramientas más poderosas a tu alcance para iniciar esa aventura de conocerte a ti misma, el viaje que no tiene fin.

Se trata de tu hoja de ruta, un mapa revelador en el que encontrarás sintetizado cada aspecto de tu psique y de tu ser. Todas las etapas están codificadas en símbolos que hablan directamente a tu inconsciente. ¿Serás capaz de descifrarlos?

Vamos a averiguarlo.

Práctica

ENTIENDE EL TRINOMIO DE TU PERSONALIDAD

Acabamos de ver cómo la personalidad se compone de dos partes:
1. **INNATA:** temperamento
2. **APRENDIDA:** carácter

Al trabajar con el simbolismo astrológico es recomendable partir de tres arquetipos principales que nos ayudan a entender la personalidad elemental de alguien. Esos arquetipos son los que corresponden a:

⊙ **SIGNO SOLAR**

☽ **SIGNO LUNAR**

AC **SIGNO ASCENDENTE**

Es posible que tu signo solar y tu signo ascendente sean el mismo. O tu signo solar y lunar… E incluso que Sol, Luna y ascendente ocupen idéntico signo. ¡No pasa nada! Lo único que esto indica es que dicho arquetipo cobra especial relevancia y será muy identificable en tu forma de ser.
Si nos fijamos en la estructura base de la personalidad, podemos apreciar lo siguiente:

— **LA LUNA SE CORRESPONDE CON EL TEMPERAMENTO:** nos habla de la madre, los ancestros, la herencia, las emociones, el estilo de apego, etc.

— **EL ASCENDENTE SE CORRESPONDE CON EL CARÁCTER:** simboliza cómo es nuestra relación con el medio, qué energía expresamos al desenvolvernos en el entorno, qué aprendemos del ambiente, etc.

El arquetipo del signo solar tiene un componente espiritual y muestra la vía que tenemos a disposición para integrar el todo.

Tú no eres tu signo solar... ¡Eres infinitamente más compleja! Y en esa ardua misión de ser una mujer completa y consciente de todas sus facetas, el Sol te guiará y te proporcionará una base sólida para poder desarrollar tu potencial.

El Sol representa tu Yo Superior, tu verdad más elevada y sabia.

Las siguientes preguntas te ayudarán a ver claro el significado solar:

— ¿Te has dado cuenta de que el símbolo del Sol (☉) en una carta astral es como un *minimandala y que un mandala representa la totalidad*?

— ¿Eres consciente de que *Apolo es la deidad griega del Sol?*

— ¿Recuerdas qué frase encontrábamos en la entrada del Templo de *Apolo en Delfos?* (Si no la recuerdas te la chivo: «Conócete a ti mismo»).

Respetando los principios de la mayéutica socrática voy a dejar que seas tú misma quien vaya atando cabos...

Ejercicio

Calcula tu carta astral en alguna página recurso como astro.com *o cualquier otra. Con ella impresa o a mano en el móvil u ordenador, y utilizando el dosier que tienes al comienzo del libro, si lo necesitas, responde a las siguientes preguntas para ganar una mayor comprensión de tu naturaleza esencial básica:*

¿CUÁL ES TU SIGNO LUNAR?

¿CÓMO DEFINIRÍAS TU MANERA DE SENTIR Y TUS NECESIDADES?

¿CUÁL ES TU SIGNO ASCENDENTE?

¿CUÁL PIENSAS QUE ES LA PRIMERA IMPRESIÓN QUE DAS A OTROS NADA MÁS CONOCERTE?

¿CUÁL ES TU SIGNO SOLAR?

¿QUIÉN ERES? (SÍ, POSIBLEMENTE SEA LA PREGUNTA MÁS DIFÍCIL DE CONTESTAR QUE ALGUNA VEZ TE HAN HECHO. ¡SÉ CREATIVA!)

2
Mentalismo y correspondencia: dos principios del Kybalión para entenderlo todo

«Los pensamientos se vuelven percepción.
La percepción se vuelve realidad. Cambia tus pensamientos
y estarás transformando tu realidad».

William James

A partir de ahora el concepto que tienes de la astrología va a cambiar para siempre. Y lo hará porque entenderás cuáles son las leyes herméticas que la rigen y dan sentido a su funcionamiento como recurso de desarrollo personal.

Es muy posible que alguna vez ya hayas escuchado aquella máxima de: **«Cómo es arriba, es abajo»**. Se trata de una ley que hace referencia a que todo lo que sucede en la bóveda celeste tiene un reflejo claro aquí, en la Tierra. Y viceversa. La mítica frase no es otra cosa que el segundo principio recogido en el libro de *El Kybalión*, llamado **«principio de correspondencia»**.

Cuando hablamos del Kybalión nos referimos a una publicación de 1908, firmada, con muchas dosis de enigma, por los *«tres iniciados»*. Sus páginas condensan la sabiduría del hermetismo en siete principios que son los siguientes: mentalismo, correspondencia, vibración, polaridad, ritmo, causa y efecto y género.

El hermetismo es una filosofía que se asocia a Hermes de Trismegisto, un personaje histórico misterioso a quien se considera creador de la alquimia. Algunos le identifican con un profeta, otros, con un sabio... y hay quien piensa que se trata de la personificación de los dioses Hermes y Thot. En cualquier caso, de lo que no hay duda es de que el hermetismo es un sistema de creencias no cristiano que surge durante los siglos I y II antes de Cristo, en los territorios de Grecia y Egipto. Sus principios revelan los secretos más profundos de la existencia... Pero eso sí, solo los podrán descifrar aquellos que estén preparados para entender el valioso mensaje.

Con suma humildad, vamos a intentar sustraer algo de sentido, analizando, de forma condensada, el significado de los siete principios herméticos, sin perder de vista que son los dos primeros principios los que nos ofrecen las claves de una astrología empoderadora:

1.- MENTALISMO
«Todo es mente. El Universo es mental».
El primer principio revela la importancia de las creencias y los pensamientos en la construcción de la realidad.

2.- CORRESPONDENCIA
«Como es arriba, es abajo. Como es adentro, es afuera».
Este principio refleja la relación innegable y paralela entre macrocosmos y microcosmos; entre el hombre y el universo; entre el pensamiento y la materia...

3.- VIBRACIÓN
«Nada descansa. Todo se mueve. Todo vibra».
Y es que todo es energía... Incluso la partícula más pequeña posee una frecuencia vibratoria que impacta en todo lo demás.

4.- POLARIDAD
«Todo es dual. Todo tiene dos extremos y todo tiene un par de opuestos. Similar y diferente son lo mismo. Los opuestos son

idénticos en naturaleza pero diferentes en grado. Los extremos se encuentran. Todas las verdades son medias verdades. Todas las paradojas pueden alcanzar la reconciliación».

Básicamente, lo que el principio de polaridad nos quiere decir es que no habría luz sin oscuridad, ni felicidad sin tristeza. Los opuestos son dos caras de la misma moneda, tal y como refleja también el concepto junguiano de «enantiodromia» que hace referencia a la aparición del opuesto inconsciente con el transcurso del tiempo, en una búsqueda incesante por alcanzar el equilibrio.

5.- RITMO

«Todo fluye. Dentro y fuera. Todo tiene sus mareas. Todo sube y baja».
El universo es cíclico… Así lo aprendemos de la Luna y del resto de planetas. Todo tiene sus fases… A cada invierno le sucede una primavera, y después de cada noche, siempre llega un amanecer.

6.- CAUSA Y EFECTO

«Toda causa tiene su efecto. Todo efecto tiene su causa».
Y es que nada sucede porque sí, ni nada de lo que hacemos o decimos es neutral.
Por tanto, debemos tomar responsabilidad sobre nosotros mismos y asumir las consecuencias de nuestros actos, tanto para bien como para mal. La responsabilidad nos hace libres.

7.- GÉNERO

«El género está en todo. Todo tiene su parte masculina y su parte femenina. El género se manifiesta en todas las esferas».
Este principio se relaciona directamente con el principio taoísta del Yin y el Yang y su idea de que existe una dualidad entre lo masculino y lo femenino que se aprecia en todas partes, puesto que se trata de dos fuerzas universales.

La mayoría de los aficionados a la astrología piensan, equivocadamente, que el lenguaje de las estrellas se basa en una relación *de causa-efecto (sexto principio del Kybalión)*. De alguna manera, están convencidos de que los movimientos planetarios desencadenan «energías» que terminan siendo el origen de todo aquello que les sucede.

Así, es frecuente escuchar como alguien culpa a Saturno de sus desgracias, o a un tránsito de Plutón de la crisis que atraviesa. Pero no tiene sentido porque los planetas constituyen solo un reflejo simbólico que nos sirve para interpretar la realidad. En ningún caso los astros condicionan la vida.

Responsabilizar a un planeta de lo que nos pasa es tan necio como el absurdo acto de romper el espejo porque no nos gusta la imagen que devuelve.

No es el principio de *causa-efecto* el que explica el mecanismo de la astrología. Su funcionamiento resulta más comprensible si analizamos el principio de *correspondencia:* «**Como es arriba, es abajo. Como es adentro, es afuera**»

Este axioma manifiesta de manera rotunda las bases astrológicas, al demostrar la clara equivalencia entre los conceptos de macrocosmos (el universo) y microcosmos (el ser humano).

Hablando en plata: los planetas proyectan un reflejo de nuestra realidad. Y nuestra realidad encuentra un paralelismo simbólico con lo que sucede en el universo.

Además, todo aquello que encontramos en el exterior es una señal de nuestro estado interno. Y trabajando nuestro interior podemos mejorar la experiencia vital, empezando a atraer cosas positivas a nuestra vida. Por eso, en estas páginas encontrarás un manual para mejorar tu estado interno y transformar tu mapa mental… En el fondo, es ahí, en la mente, donde empieza tu futuro.

Los contenidos simbólicos ofrecen un soporte para entender y procesar todo lo que nos sucede en la vida y las contradicciones internas que enfrentamos.

Nada viene determinado de serie, sino que gracias a la evocación que facilita el símbolo, accedemos a nuevos niveles de conciencia, cambiando de perspectiva y pudiendo contemplar la realidad a través de ojos nuevos.

Por tanto, el uso que haremos de la astrología está vinculado a la obtención de respuestas. *¿Recuerdas lo importante que eran las preguntas?* Por eso, no dejaremos de ponerlas en el centro del proceso.

El universo está dentro de ti

El segundo principio del Kybalión también tiene una importancia clave a la hora de entender la astrología y afirma que: «**Todo es mente. El universo es mental**».

Con ello revela la importancia de las creencias en la construcción de nuestra realidad. Porque aquello que crees es lo que terminas creando. Y lo que tu mente inconsciente asume como verdad absoluta resulta increíblemente poderoso. Tanto que se convertirá en el GPS que te llevará a tu destino.

Todo aquello que nos rodea, en el inicio fue solo un pequeño germen en forma de idea en nuestra cabeza. A nivel social, podríamos decir incluso, que nuestra situación es producto de la mentalidad colectiva. El resultado global es la suma del conjunto. Por tanto, cuando unimos fuerzas, podemos lograr grandes cambios que de forma individual serían inalcanzables. Esto explica por ejemplo el *efecto Maharishi*, o cómo la fuerza de una meditación colectiva puede hacer disminuir las tasas de crimen o los desórdenes sociales (Dillbeck, Landrith III, y Orme-Johnson, 1981).

Así que resulta absurdo que gastes tiempo y energía intentando adivinar qué es lo que te depara el futuro. Porque en realidad, todo está en tu cabeza.

En su lugar, vuelca tu interés en mejorar tu sistema de creencias y estarás asumiendo el liderazgo a la hora de cocrear tu vida.

La pelota está en tu campo: si quieres construir tu destino, tendrás que empezar por tu mente. ¿Estás preparada?

Práctica

IDENTIFICA LAS CREENCIAS QUE TE FRENAN

I. IDENTIFICA UN ÁREA DE TU VIDA EN LA QUE HAYA INSATISFACCIÓN

(trabajo, carrera, amor, amistad, finanzas...).
ÁREA DE INSATISFACCIÓN:

_____

2. JUSTIFICA ESA INSATISFACCIÓN.
Explica cuáles son a tu juicio las razones por las que en esa área las cosas no van bien.

_____

_____

_____

_____

_____

_____

3. ANALIZA CON DETALLE TUS ARGUMENTOS
Porque en ellos se encuentran escondidas muchas de las creencias limitantes que te están impidiendo avanzar en esa área donde hay insatisfacción. Con frecuencia, las excusas que nos ponemos muestran nuestras creencias.

Por ejemplo, alguien que se siente insatisfecho con sus finanzas puede asegurar que no tiene el dinero que le gustaría porque sus padres tampoco tenían dinero (su excusa). Al mismo tiempo que su amigo íntimo del instituto ha levantado una pequeña fortuna con su trabajo, proviniendo de un origen igualmente humilde (realidad que desmonta la excusa).

4. ESCRIBE LAS CREENCIAS LIMITANTES QUE HAS IDENTIFICADO Y DESPUÉS TÁCHALAS. ¡SON PURAS MENTIRAS!

_____
_____
_____
_____
_____
_____
_____
_____
_____

5. SI ESTÁS FAMILIARIZADA CON EL SIMBOLISMO ASTROLÓGICO, PUEDES PROBAR A HACER UNA REFLEXIÓN SOBRE QUÉ ARQUETIPOS O PARTES DE TU CARTA REFLEJAN ESAS LIMITACIONES QUE TE ESTABAN FRENANDO.
(También puedes revisar el dosier astrológico del principio para obtener guía de cada signo).

_____
_____
_____
_____
_____
_____
_____
_____
_____
_____

6. TE DEJO UNAS BREVES PINCELADAS DE CREENCIAS TÍPICAS QUE PODEMOS ASOCIAR A CADA ARQUETIPO ZODIACAL PARA INSPIRARTE Y REFLEXIONAR.
Marca las que más resuenen contigo (independientemente de tu carta natal).

♈ **ARIES:** Tengo que hacerlo ya. No puedo perder. Si pierdo no valgo nada. Tengo que salirme con la mía o habré perdido.

♉ **TAURO:** Necesito muchos recursos para sentirme segura. Las prisas no son buenas. Estoy mejor como estoy que de ninguna otra manera. Los cambios nunca son fáciles.

♊ **GÉMINIS:** Si me tranquilizo, me aburriré. Cuando me centro en una sola cosa, estoy perdiendo opciones.

♋ **CÁNCER:** Si me muestro demasiado, me harán daño. Estoy más segura en mi caparazón. Prefiero lo conocido.

♌ **LEO:** Si me ignoran, es que no soy interesante. Tengo que ser el centro de atención o no merecerá la pena.

♍ **VIRGO:** No soy lo suficientemente buena. Si no está perfecto es que no está bien. Un error lo estropea todo.

♎ **LIBRA:** Si no es bonito no vale la pena. El amor tiene que ser como un cuento de hadas. Si me quiere, hará lo que sea por mí.

♏ **ESCORPIO:** No te fíes ni de tu padre. Quien calla mucho es que oculta algo. Cualquier afrenta merece una venganza.

♐ **SAGITARIO:** El orden me constriñe. La estabilidad es aburrida. Si me quedo mucho tiempo en el mismo lugar, me marchitaré.

♑ **CAPRICORNIO:** El camino a la cima es duro. Debo acumular para los tiempos de vacas flacas. Tengo que esforzarme mucho para conseguir lo que quiero.

♒ **ACUARIO:** Lo antiguo es aburrido. Si no es nuevo, no me interesa. Tengo que llevar la contraria por sistema.

♓ **PISCIS:** Si ignoro mis problemas, no me agobiarán. No hay nada que pueda hacer. Todo el mundo se aprovecha de mí.

3
El poder de la mente inconsciente

«El quid de la cuestión es que nuestro inconsciente
es más sabio que nosotros respecto a todo».

M. Scott Peck

Los seres humanos tenemos la falsa ilusión de control y estamos convencidos de que somos completamente autónomos y de que las decisiones que tomamos nos pertenecen... ¡Nada más lejos de la realidad! Pensar así es pecar de ingenuos, ya que el influjo de la mente inconsciente en nuestro día a día es muy superior al que imaginamos.

Primero, porque la mente inconsciente gobierna todos los mecanismos homeostáticos corporales, o sea, las funciones orgánicas que se realizan de manera automática, como el respirar, digerir o regular la temperatura del organismo.

Y segundo, porque el alcance de la mente inconsciente no se queda ahí, sino que además determina aproximadamente el 95 % de nuestras decisiones: desde el partido político al que votamos en unas elecciones, hasta nuestras preferencias a la hora de elegir pareja. Piénsalo... ¿No ves que hay mucho de irracional en las elecciones que hacemos?, ¿realmente leemos los programas electorales de cada partido antes de acudir a las urnas?, ¿y realizamos un test de personalidad a esa persona que nos atrae antes de decidir salir juntos en una cita? En realidad, no. La mayoría de las veces actuamos en base a impulsos y apetencias que tienen una raíz inconsciente.

El biólogo americano del desarrollo Bruce H. Lipton asegura que, en lo que concierne al procesamiento de la información, la mente inconsciente es hasta un millón de veces más poderosa que la mente consciente. Esto supone un jarro de agua fría para nuestro pobre ego. Y al reconocerlo asumimos que si no nos esforzamos por hacer consciente lo inconsciente y nos liberamos de falsas creencias y patrones dañinos, estamos dejando nuestro futuro en manos de los dioses y de fuerzas externas más grandes que nuestra vanidad.

Pero para hacer consciente lo inconsciente necesitamos entender bien esa parte de la mente.

El reconocido como padre del psicoanálisis, Sigmund Freud, puso especial énfasis en la importancia de la mente inconsciente en el ser humano, puesto que consideraba que ésta, tal y como hemos visto, regía el comportamiento .

Por tanto, Freud diferencia entre tres niveles de la mente:

— **MENTE CONSCIENTE:** Todos los procesos mentales de los que tenemos conciencia. (La punta del iceberg)

— **MENTE PRECONSCIENTE:** Pensamientos y sentimientos que son inconscientes pero que pueden traerse a la conciencia con facilidad. (Parte del iceberg que está bajo el agua y es visible)

— **MENTE INCONSCIENTE:** Contenido que resulta inaccesible para la conciencia pero que, aun así, determina nuestros sentimientos, juicios y comportamientos. Con frecuencia, la mente inconsciente almacena experiencias traumáticas o desagradables que preferimos no recordar. (Gran masa de hielo baja el agua que no podemos ver desde la superficie).

Por otro lado, el psiquiatra y psicoanalista suizo Carl Gustav Jung va un paso más allá en la comprensión del inconsciente, estableciendo una diferencia entre inconsciente personal (mente inconsciente de un individuo) e inconsciente colectivo (una parte innata de la mente que contiene memorias e impulsos comunes a toda la Humanidad).

Suya es la mítica frase que asegura que «Hasta que lo inconsciente no se haga consciente, seguirá dirigiendo tu vida y tú lo llamarás destino».

Asumir la enorme influencia que la mente inconsciente tiene en nuestras vidas a menudo conlleva empezar a darse cuenta y buscar fórmulas para vivir y actuar de manera más consciente. Porque aunque la mayor parte del inconsciente va a permanecer en territorio sombrío, esos pequeños fogonazos de luz que obtenemos al cuestionarnos y empezar a mirar hacia dentro pueden suponer un cambio brutal en nuestra realidad. Y es que pese a que el ser humano ha llegado hasta la Luna, uno de los grandes misterios aún pendientes de resolver para el hombre permanece, literalmente, dentro de su cabeza.

Los misterios del cerebro

El funcionamiento del cerebro sigue despertando infinitos interrogantes. Aunque, poco a poco, los avances en neurociencia permiten que vayamos ganando algo de claridad al respecto.

Por ejemplo, podemos analizar los diversos tipos de ondas cerebrales que existen y cómo funcionan para así entender mejor los estados de conciencia por los que pasamos a lo largo del día y de la noche y sacar provecho de ese conocimiento.

Clasificación de las ondas cerebrales

Y es que el cerebro es un órgano electroquímico y, por tanto, la actividad que surge de él tiene forma de ondas electromagnéticas. Estas ondas las vamos a medir en hercios o ciclos completados por segundo.

Existen cinco tipos de ondas cerebrales:

γ **GAMMA:** son las ondas de mayor frecuencia y menor amplitud (40-100 ciclos por segundo). Están implicadas en los procesos cognitivos, el aprendizaje, la memoria, etc., por lo que hacen referencia a estados de concentración. Se trata de las ondas más sutiles.

β **BETA:** las ondas cerebrales beta oscilan entre los 15 y los 40 ciclos por segundo. Reflejan un estado normal de conciencia, activo, en el que el cerebro está ocupado con procesos mentales y tenemos el foco puesto en algo.

α **ALPHA:** las ondas alpha van de 9 a 14 ciclos por segundo. Indican un estado más tranquilo que las ondas beta o gamma. Predomina el alpha cuando estamos meditando, descansando o en una actitud de *relax*.

θ **THETA:** son ondas de más amplitud y menos frecuencia que las anteriores (5-8 ciclos por segundo). Predominan en estados de trance, imaginación activa, duermevela, estado REM, piloto automático, hipnosis, etc.

δ **DELTA:** se trata de las ondas de mayor amplitud y menor frecuencia y van de 1,5 a 4 ciclos por segundo. Las ondas delta predominan en estados de sueño profundo en los que no estamos soñando.

Ondas cerebrales e inconsciente

De lo que hemos visto sobre las ondas cerebrales deducimos que los estados alpha y theta son los más idóneos para conectar con la mente inconsciente. De hecho, podríamos decir que el estado alpha es la puerta de entrada a la mente inconsciente y que el estado theta es ya territorio del inconsciente.

Sabemos que la mente inconsciente influye enormemente en nuestro día a día y en la toma de decisiones. Y por tanto, al facilitar la comunicación que tenemos con la mente inconsciente, estaremos dando un gran paso para cocrear un futuro mejor. Despertar al conocimiento es ver con claridad factores que nos influían y que antes ocupaban un punto ciego de nuestra visión.

El estado alpha hace referencia a los momentos de relajación-meditación, mientras que el estado theta tiene más que ver con el sueño profundo, el trance y la hipnosis.

Cuando nos vamos a la cama, pasamos del predominio de ondas beta al de ondas alpha, al empezar a relajarnos. Luego vienen las ondas theta, justo antes de dormir y en estado REM (soñando). Y, por último, las ondas delta (sueño profundo)... Y así cíclicamente hasta que llega el momento de despertar.

Es esa conexión con el subconsciente que tenemos al dormir la que nos lleva a querer *consultar una decisión con la almohada* para ver las cosas con más claridad. También es la fuerza del inconsciente mientras estamos *en brazos de Morfeo* la que nos aconseja no *llevar una discusión* con nuestra pareja a la cama y solucionar las rencillas antes de acostarnos.

Los sueños han permitido a muchos genios de la Historia encontrar respuesta a las incógnitas que se traían entre manos o dar con una idea asombrosa para su gran obra maestra. Incluso los principios del método científico de René Descartes, que están basados en el puro y duro escepticismo, llegaron a él, paradójicamente, por una vía tan intuitiva como la onírica. Resulta que a través de algo en esencia inmaterial e intangible como es un sueño, se sembró la semilla de la corriente racionalista.

Cambio de hábitos e inconsciente

Una de las etapas claves en nuestro crecimiento personal involucra el cambio de hábitos y la transformación de nuestras rutinas por otras que sirvan mejor a nuestros intereses y que respalden la identidad de esa persona que queremos llegar a ser.

Casualmente, las acciones que hemos automatizado son territorio del inconsciente.

¿Alguna vez has conducido a un sitio por una ruta que conoces de sobra para darte cuenta al llegar de que no has prestado atención y te has pasado todo el camino pensando en otra cosa? En realidad, era tu mente subconsciente la que estaba al mando.

Como puedes ver, la relación de los hábitos con la mente inconsciente es obvia. Y por supuesto, esta también resulta relevante cuando deseamos adquirir rutinas más beneficiosas. Si a la hora de transformar tus costumbres recurres solo a la fuerza de voluntad, lo más probable es que termines agotada o te acabe saliendo una úlcera. Así que si quieres tener éxito y ponértelo fácil, necesitas involucrar al inconsciente en el proceso.

La mente está constantemente filtrando datos, pero tiene tendencia a traer a tu atención los estímulos que refuerzan las creencias que ya albergas. Además, todo aquello que sucede en tu entorno y lo que ves en las redes sociales también tiene un impacto directo en tu inconsciente.

Elegir reconocer estas realidades, en lugar de cerrar los ojos y negarlas, te permitirá controlar mejor la tendencia y dejar de luchar contra gigantes.

Y es que tenemos predisposición a ver el mundo según nuestro sistema de creencias y por lo general utilizamos aquello que vemos para fortalecer las ideas previas que ya teníamos.

Lo mismo hacemos con la información que llega del entorno… La empleamos para reforzar nuestro mapa mental. Por ello, llegar a alterar el color del cristal de las gafas con las que observas el mundo requiere una estrategia por tu parte.

Si quieres cambiar y no sabes por dónde comenzar tu proceso, piensa que el primer paso consiste en plantearte hasta qué punto realmente deseas evolucionar e indagar en las posibles razones inconscientes que pueden estar frenándote.

Por ejemplo, es posible que una parte de ti anhele tener mucho dinero, pero a un nivel inconsciente estás convencida de que los millonarios son infelices, que siempre terminan divorciándose y que discuten todo el rato por temas económicos. Y que, además, se trata de gente sin escrúpulos ni moralidad. Es obvio que existe un conflicto interno, porque tú quizás quieras ser millonaria, pero no tienes la mínima intención de lograrlo a costa de tu felicidad. Y como albergas dos creencias contradictorias, resulta que al final terminas autosaboteándote... Sin embargo, echas la culpa de lo que te sucede a lo que ocurre en el exterior, sin ser capaz de ver que todo el conflicto nace de ti.

Lo mismo ocurre cuando quieres adoptar un estilo de vida saludable para verte y sentirte mejor, pero inconscientemente estás convencida de que si ganas en atractivo, tus amigas te tendrán celos y atraerás a hombres superficiales interesados solo en tu apariencia. En este caso, una parte de ti no querrá alcanzar su objetivo. Y como se trata de la parte más fuerte *(¿recuerdas que la mente inconsciente es un millón de veces más poderosa que la mente consciente?)*, terminará ganando la batalla... A no ser que empieces a contemplar las cosas desde otra óptica.

Paso a paso para cambiar de perspectiva y costumbres

1. Ábrete a la duda y cuestiona siempre tus metas. *¿De verdad quieres lograr lo que te has propuesto?*

2. Luego sincérate sobre los miedos que te atañen y las posibles consecuencias negativas que podría acarrear la conquista de tu meta o cambio de hábitos. *¿Están tus temores fundados en alguna sospecha real o son solo miedos incapacitantes?*

3. Además, reconoce tu derecho a ser feliz y merecer cosas buenas solo por haber nacido. No necesitas probar nada a nadie,

así que no condiciones tu satisfacción al logro de metas y no pospongas tu felicidad. Evita caer en el típico «seré feliz y podré llevar ropa bonita cuando haya perdido seis kilos» o similares.

4. También tendrás que trabajar en hacerte inmune a las opiniones no solicitadas. Valora los juicios de terceros como lo que son: simples reflejos de su experiencia y su mapa mental y no permitas que te contagien de su negatividad. Prioriza tu opinión a su injerencia y niégate a que minen tu moral.

5. Rodéate de refuerzos positivos, incluyendo a las personas que te apoyan. Sé selectiva en tus interacciones y comparte tu tiempo con la gente que cree en ti.

6. Por último, recurre a las intenciones de implementación para gestionar con éxito los cambios de hábitos. *¿En qué consisten estas intenciones?* Básicamente se trata de algo tan sencillo como ligar el nuevo hábito a uno ya existente. Por ejemplo, si mi meta es beber más agua, puedo establecer un plan según el cual me beberé un vaso de agua (nuevo hábito) cada mañana después de lavarme los dientes (hábito ya consolidado). O si quiero hacer más deporte, puedo comprometerme a ponerme el chándal y las zapatillas para hacer deporte (nuevo hábito) cuando llegue a casa y me quite la ropa del trabajo (hábito consolidado). *¿Te animas a probarlo desde mañana mismo?*

Existen otras herramientas, como la programación neurolingüística y la hipnosis, que pueden serte de gran ayuda para influir en el inconsciente y tener éxito con los hábitos que deseas fijar en tu rutina. De hecho, muchas personas han logrado dejar de fumar recurriendo a ellas. Si crees que puedes beneficiarte de la asistencia de un profesional, no dudes en buscarlo. Pedir ayuda es de valientes porque demuestra que la fuerza de tu compromiso a cambiar y lo en serio que te tomas tu bienestar.

También puedes formarte de manera autodidacta, leer libros, ver vídeos… Al final, donde pones el foco va tu energía y es donde termina sucediendo la transformación.

En cualquier caso, lo esencial que has de recordar de este capítulo es que a la hora de evolucionar, mejorar tus rutinas o alcanzar tus objetivos, es esencial que no hagas depender todo de la fuerza de voluntad, sino que, además, incidas en el trabajo sobre tus creencias inconscientes. Al final son ellas las que están detrás de tus patones de autosabotaje y determinan los resultados que obtienes.

Todo esto nos remite a la primera ley hermética de mentalismo («El universo es mental»). El trabajo con el simbolismo astrológico no es otra cosa que un abordaje de tus pensamientos, tanto conscientes como inconscientes, desde otra perspectiva. No te quedes mirando el dedo, cuando éste apunta a la Luna ;).

Práctica

CONECTA CON TU MENTE INCONSCIENTE

Implementando hábitos tan sencillos como los siguientes, podrás mejorar de manera notable tu día a día:

1.- Antes de irte a dormir, agradece todo lo bueno que te ha pasado ese día y, en general, las bendiciones que tienes en tu presente. Evita rumiar los problemas y céntrate en pensar en las cosas que te entusiasman y te hacen feliz. Visualiza el futuro deseado y plantea una intuición para la siguiente jornada (por ejemplo, despertarte descansada y llena de energía).

2.- Acostúmbrate a dormir con una libreta en la mesilla y nada más despertar escribe lo que recuerdes de tus sueños.

¿Puedes encontrar un mensaje simbólico en ellos? ¿Tienen sentido en tu contexto? Usa el estado alpha de ese momento del día para hacer *journaling* y encontrar soluciones creativas a tus problemas. Conecta con tu sabia interior. La hora de irte a la cama y la hora de despertar son momentos clave. Asegúrate de que las vives con conciencia y no tiras esa capacidad de llegar a tu mente inconsciente por la borda.

Obviamente, meditar a diario tiene un «para qué» más allá de la relajación que nos produce. Al hacerlo, estás potenciando los estados alpha, e incluso theta, y con ello fomentando la apertura de conciencia. Dale prioridad a la meditación en tu jornada. Incluso cuatro minutos son mucho mejor que nada. No me digas que no puedes encontrar ese ratito al día.

4

Astrología
e inconsciente

*«La astrología es solo un dedo
que apunta a la realidad».*

Steven Forrest

¿Y qué tiene que ver la astrología con el inconsciente? Te estarás preguntando ahora mismo... Y, querida mía, en realidad ¡todo!

Probablemente, con los datos que hemos analizado hasta ahora, tú misma has empezado a atar cabos y ganar claridad. Y al final, lo que deseo de corazón es que encuentres tus propias respuestas y sigas planteándote preguntas poderosas que te abran la puerta a nuevos caminos. Estoy segura de que así será y de que este libro va a modificar tu perspectiva.

Pero antes, no quiero que te quede la más mínima duda de que la astrología es un recurso supervalioso si quieres acceder a contenidos del inconsciente y darles luz. Para empezar, «el universo es mental». ¿Recuerdas el principio del mentalismo del Kybalión que vimos en el segundo capítulo? Bien, pues su significado es algo literal. Desde una perspectiva astrológica, cuando hablamos de planetas, en realidad nos estamos refiriendo a diferentes elementos de la psique. Por eso, la astrología es psicológica, porque estudia lo humano y analiza la mente, tanto en su dimensión consciente como en la inconsciente.

Además, el principio de correspondencia asegura que «Como es arriba, es abajo»; e igualmente que «Como es adentro, es afuera». Lo que hay en tu cabecita es lo que encuentras en el exterior, en el sentido de que aquello que crees es lo que creas. Así que vamos a llevar la atención a las creencias inconscientes y cómo estas operan de forma clara en nuestro contexto, aunque a veces nos empeñemos en tirar balones fuera y culpar a la fatalidad. Recuerda que, como decía Jung, aquello que no haces consciente trabaja en la sombra dibujando tu destino. Se trata de un concepto para memorizar, ya que a menudo seguimos buscando culpables fuera, en lugar de tratar de ampliar nuestro nivel de conciencia y asumir el protagonismo que tenemos como cocreadoras de nuestra vida.

Arquetipos e inconsciente colectivo

El poder de la astrología se basa en su capacidad de constituirse como una vía de acceso al inconsciente. Y contemplarlo de esta forma nos lleva a poner el foco en los arquetipos astrológicos, ya que los arquetipos, para Jung, son contenidos del inconsciente colectivo. Esto implica que no nacen de la experiencia individual, sino que son innatos. Y genera un vínculo entre el elemento básico de la astrología (los signos zodiacales) y la mente inconsciente.

Para Jung, la mente de un recién nacido no es una *tabula rasa*, sino que ya alberga ciertos conocimientos que vienen «de serie». Por ejemplo, si nos fijamos en los animales observamos que por norma tienen comportamientos que no han aprendido antes, sino que se trata de instintos que traen desde su nacimiento. Así, las tortugas bebé «saben» que tienen que caminar hasta el mar después de romper el cascarón, y, de alguna manera, recuerdan perfectamente a qué playa han de ir a desovar en cuanto alcancen la madurez sexual. Nadie les ha enseñado. Es algo que recogen sus genes o se encuentra en la memoria universal de la especie.

El ser humano, aunque racional, es también un animal, y como tal posee instintos propios y una memoria universal compartida. Lo que está vinculado directamente con el inconsciente colectivo.

Los doce signos del Zodiaco se corresponden con doce interesantes figuras arquetípicas que se emplean con frecuencia en el mundo del *marketing* y la publicidad: el héroe (Aries), el amigo (Tauro), el bufón (Géminis), el cuidador (Cáncer), el creador (Leo), el sabio (Virgo), el amante (Libra), el alquimista (Escorpio), el explorador (Sagitario), el gobernante (Capricornio), el rebelde (Acuario) y el inocente (Piscis). Y por eso nos resulta tan sencillo reconocernos en ellas. Las figuras arquetípicas se erigen como modelos de comportamiento, patrones de conducta en los que nos vemos reflejados como si fueran un espejo.

De cara a entender el funcionamiento del trabajo con arquetipos, puedes imaginar que dentro de ti existe un embrión que amalgama las diferentes facetas de tu ser. En ellas se encuentra la raíz de tu comportamiento, el origen de tu forma de pensar, la base de tus emociones y el secreto de tus reacciones.

Estas partes de ti son tus arquetipos dominantes. Por supuesto, se activarán con mayor o menor fuerza dependiendo de tu herencia genética, tus niveles hormonales, el entorno en el que has crecido, la cultura a la que perteneces, las creencias familiares, los eventos que has vivido, etc.

Recuerda que los arquetipos son en realidad instintos y se manifiestan como una pulsión a sentirte de una determinada manera. Los impulsos que emergen en nosotros están guiados por la mente inconsciente, se heredan de generaciones pasadas y contienen una energía propia que a veces nos ayudará a conseguir nuestros objetivos y, otras veces, puede que actúe en nuestra contra.

Lo idóneo es que alcances el equilibrio y aprendas a dar voz a cada faceta que existe en ti (arquetipo) en el momento conveniente. Sin embargo, es habitual que una o varias facetas dominen y el resto permanezcan «dormidas». Incluso hay ocasiones en las que los arquetipos que quieren llevar la voz cantante entran en conflicto al tratarse de energías contradictorias (por ejemplo madre vs. amante, aries vs. libra, etc.)

Todos tus arquetipos merecen ser escuchados por igual. Cada uno tiene su lugar y su función y te vuelven más completa. Quizás algunos permanezcan inactivos hasta que llegue un momento concreto de tu vida y se activen... El caso es que si están ahí es por algo, y conocerlos y saber cómo utilizarlos evitará que ellos te controlen a ti, dejándote completamente a merced de tus creencias y patrones inconscientes.

En este sentido me gusta mucho el símil que utiliza la analista junguiana Charlene Bell Tosi para ayudarnos a entender el funcionamiento de nuestra colección de arquetipos. Según Bell Tosi, sería útil imaginarte sentada en la cabecera de una gran mesa de banquete. A tu alrededor encuentras a todas aquellas figuras arquetípicas que son importantes en tu psique... Quizás te veas brindando con tu heroína, tu niña, tu reina, tu anciana y tu alquimista... O a lo mejor sientes que quienes te acompañan son la madre, Perséfone, Atenea, la gobernadora y la inocente. O varios de los signos del Zodiaco que mejor te representan...

Cuanto mejor te conozcas, más claro tendrás con quién compartes. Pero hay un factor esencial: debes conceder la palabra a todos y cada uno de los arquetipos que conforman tu familia. No puedes permitir que uno de ellos monopolice el cotarro y domine al resto. Ese comportamiento sería dañino, e incluso patológico. Cada arquetipo te hace más sabia y más completa y amplía tu cartera de recursos para defenderte en la vida.

Profundizar en tu naturaleza arquetípica y entender los misterios y mensajes que reflejan tus arquetipos te permitirá crecer y evolucionar como persona y te abrirá las puertas de la realización.

La astrología es un lenguaje simbólico que se sirve de los arquetipos para explicar la raíz de nuestro comportamiento y darle un sentido profundo a las experiencias vitales que encontramos en el camino.

La gran ventaja de la astrología es que nos ofrece un mapa, una guía de símbolos con la que empezar a indagar en nuestra propia naturaleza esencial.

Por supuesto, debemos evitar encorsetarnos y acabar utilizando mitos y signos para poner etiquetas y límites a nuestra voluntad. El verdadero potencial del lenguaje astrológico reside en su capacidad para darnos alas y abrirnos a la comprensión. No se trata de que «asumas» que eres de una u otra manera, sino de que tomes conciencia de lo que puedes llegar a ser y emplees los símbolos como llave a tu inconsciente, identificando los patrones de conducta que manifiestas.

Para mí, esa es la verdadera astrología para el empoderamiento y el método que yo utilizo cuando la empleo en mi trabajo con personas.

La astrología es una potente herramienta para identificar tus arquetipos. Pero no es la única. Hay muchos caminos para llegar a comprenderte. Mi invitación es que empieces a recorrerlos YA, hoy mismo, desde este preciso instante...

El secreto está en analizar tu vida en clave simbólica, siendo capaz de ver más allá de lo aparente y sacando información que sea relevante para ti y te permita una mayor comprensión de cada etapa.

El mapa no es el territorio

Eso sí, no debes confundir la representación de la realidad con la propia realidad... Sería como ir al museo de cera y hacerte una foto con la figura de Brad Pitt, creyéndote que tenías al lado al guapísimo actor. Obviamente no tiene nada que ver.

El lenguaje astrológico debería ser una herramienta para darte impulso y abrir nuevos horizontes a tus pies... no para ponerte etiquetas y cortarte las alas.

En la medida en la que permites que tu propio mapa natal te *encorsete*, estás inhibiendo la creación de conciencia y limitando tu infinito potencial. NO LO HAGAS.

Ten en cuenta que la carta astral es una guía: está ahí para mostrarte cuál es la ruta hacia ti misma, pero no es un calco de ti. Sus símbolos expresan potencial más que realidades. Y este matiz es vital. Eres mucho más que tu carta astral.

«El mapa no es el territorio» afirmamos categóricamente en programación neurolingüística para entender que la imagen subjetiva que tenemos de la realidad (*mapa mental*) no se corresponde con la realidad en sí misma.

Esta potentísima metáfora, que resulta tan reveladora en PNL, podríamos extrapolarla a la astrología... porque la carta natal (el mapa astrológico) ¡no eres tú!

Y es que el mapa NUNCA será el territorio. Podemos usarlo para orientarnos o para encontrar nuestro destino, pero ojo, que NO es la realidad, sino una representación de la misma.

Por eso, en la medida en la que emplees la carta natal como punto de partida para cuestionarte, abrir nuevos interrogantes y permitir así la creación de conciencia, estás incorporando la astrología desde una perspectiva empoderadora. Sin embargo, si te vas a identificar al cien por cien con el mapa, déjame que te diga que en vez de un enfoque holístico, estás promoviendo una visión sesgada de tu persona y limitándote a una comprensión parcial reforzada por los argumentos del ego. De esta manera, la astrología no te libera, sino que te esclaviza al minimizar tus opciones.

Y es que sabemos que el ser humano aspira a la completitud para sentirse realizado: se trata de integrar sus luces y sus sombras, de hacer consciente lo inconsciente, de alcanzar el equilibrio entre lo masculino y lo femenino...

La misma carta natal es un mandala en el que están contenidos los doce signos, las doce casas y los diez planetas. ¡No hay nada que te falte! Pero a medida que creces y la sociedad intoxica tu pureza, empiezas a creer lo contrario.

Hace algún tiempo, mientras leía el libro *Encantado de conocerme* de Borja Vilaseca, me maravillaba al descubrir que él considera el eneagrama como un camino para llegar a ti, pero que tú NO eres tu eneatipo, sino que eres bastante más... Por eso, al final, si sigues incidiendo, logras trascender esa definición prefijada de tu identidad y conectas con tu esencia. En su pensamiento vi reflejadas mis propias ideas sobre la astrología. Porque sí, llega un momento en el que sientes que la carta astral se te queda pequeña. Y por eso quizás surge la necesidad de abrir nuevas vías. En un instante tomas conciencia de que la realidad de tu SER es tan amplia que sobrepasa el potencial de los símbolos para expresarla. Y es entonces cuando entiendes que realmente la carta natal marcaba el camino, no el destino.

La astrología puede ser la herramienta más maravillosa del mundo si estás dispuesta a trascender tu horóscopo y entender que eres un milagro. La suma de las partes no puede explicar la complejidad del todo.

Por eso, emplea el mapa sin miedo sabiendo que la guía es invaluable, pero todo atisbo de verdad en realidad está aguardándote dentro.

Sincronicidad y ciclos

El lenguaje astrológico combina el análisis de los arquetipos con el estudio de los diferentes ciclos vitales. Y la manera en que la astrología integra estos ciclos es a través de la sincronicidad.

Ya hemos visto que nuestra relación con el cosmos no es de causa-efecto, sino que opera mediante el principio de correspondencia: «Como es arriba, es abajo».

Dicho principio se manifiesta mediante sincronicidades que relacionan un contenido simbólico con algo que sucede en el plano físico.

Para Jung, las sincronicidades hacen referencia a circunstancias con una relación muy significativa, pero que sin embargo no es causal, sino casual, pura coincidencia. Por ejemplo, que yo esté pensando en una amiga que hace años que no veo y, de repente, me la encuentre por la calle.

El propio Jung explica la sincronicidad recordando una anécdota muy curiosa que vivió con una paciente: ella estaba contándole un sueño en el que aparecía un escarabajo dorado. En ese preciso instante, un pequeño escarabajo muy similar al del sueño golpeó en la ventana. Jung lo tomó en sus manos y dándoselo a la paciente dijo: «Aquí tienes tu escarabajo». Curiosamente, la hermosa sincronicidad coincidió con el período de mejoría de la mujer.

En astrología, observamos sincronicidades al analizar los tránsitos y los ciclos planetarios, y de hecho, son estas sincronicidades las que dotan de lógica al lenguaje.

Por ejemplo, imagina que a alguien le ofrecen un puesto de trabajo de responsabilidad en su retorno de Saturno (cuando Saturno en tránsito vuelva a la posición de Saturno natal, alrededor de los 28 años de edad). No se trata de algo causal, porque Saturno no ha provocado nada. El puesto te lo han ofrecido a ti en función de tu esfuerzo, de tu preparación, de que lo hayas solicitado... Sin embargo, sí que es una gran «casualidad» porque Saturno en un sentido simbólico representa madurez, responsabilidades, trabajo, autoridad, etc.

El lenguaje astrológico está lleno de bonitas «casualidades» que le dotan de sentido y nos ayudan a entendernos. Y como se trata de eventos sincrónicos, retan la ley de la probabilidad. O sea, superan los límites del mero hecho accidental. Por eso nos hacen pensar y nos invitan a llevar la mirada al interior para intentar sustraer un aprendizaje. Porque la vida nunca nos sucede en balde...

Práctica

ESCUCHA EL MENSAJE DE TUS ARQUETIPOS

SI TUVIERAS QUE SENTAR A LA MESA A TUS DIEZ ARQUETIPOS MÁS REPRESENTATIVOS, ¿CUÁLES SERÍAN?
(pueden ser los signos del Zodiaco, arcanos del tarot, seres mitológicos, dioses, diosas, personajes de cuento, de película…)

1.
2.
3.
4.
5.
6.
7.
8.
9.
10.

IMAGÍNALOS CONVERSANDO ENTRE ELLOS Y CONTIGO Y RESPONDE A LAS SIGUIENTES PREGUNTAS:

¿Qué arquetipo lidera la conversación?

¿Cuál está más callado?

¿Cuál es el discurso del más charlatán?

¿Qué le gustaría contarte al que no habla si te paras a escucharle?

Pide un consejo a cada uno de tus arquetipos.
Ve uno por uno.

5

Cómo identificar y transformar creencias

«Nuestros sistemas de creencias son las gafas a través de las cuales contemplamos el mundo y anticipamos lo que probablemente sucederá. Nuestro comportamiento siempre guarda lealtad a nuestras creencias».

Margo Adair

El secreto de la construcción del propio destino

Últimamente todo el mundo habla de la mentalidad o del —como lo llaman los anglosajones— *mindset* y de la importancia que tiene en la consecución del éxito.

Porque resulta innegable. Cultivar la mentalidad adecuada es crucial si deseas dejar de vivir una existencia anodina y empezar a construir el futuro con el que siempre has soñado. Detrás del éxito arrollador que alcanzan determinadas personas parece que hay pura magia... Pero no te engañes, amiga: ES *MINDSET*. Todo lo que hicieron fue trabajar su manera de pensar. ¡Y *boom*! Se obró el milagro.

A estas alturas, seguro que ya tienes claro que el universo es mental y que, como es adentro (mentalidad), es afuera (realidad). Vamos a ver con detenimiento cómo opera tu mapa mental en la creación de tu destino para que puedas influir en él y dejar de cargarle el «sambenito» a los planetas ;).

Carol Dweck y la mentalidad de crecimiento

El término *mindset* se popularizó gracias a los estudios que realizó la psicóloga americana Carol Dweck sobre las diferencias entre mentalidad de crecimiento (*growth mindset*) y mentalidad fija (*fixed mindset*).

Dweck descubrió que aquellas personas que pensaban que la inteligencia se podía trabajar y que existía un margen de mejora gracias al esfuerzo y el aprendizaje (*growth mindset*) terminaban superándose a sí mismas y alcanzando grandes logros en la vida.

Mientras que otros, quizás más inteligentes pero que tenían la creencia firmemente arraigada de que la inteligencia es algo estático y heredado, imposible de modificar (*fixed mindset*), no llegaban tan lejos.

En realidad es algo muy lógico: el espíritu de superación te impulsa. El conformismo te lastra. Quien se reta a diario ejercita el músculo de la superación. Quien no lo hace, termina por oxidarse.

Entendiendo el *mindset*

Pero ¿qué es en realidad el *mindset*? Tu mentalidad o *mindset* es la forma que tienes de pensar, la tendencia que has adquirido a creer determinadas cosas.

Por ello, el *mindset* está constituido por un conjunto de pensamientos y creencias que condicionan tus patrones mentales. Esos patrones, amiga mía, son los que acaban influyendo directamente en la construcción de tu realidad, afectando a todas tus ideas, sentimientos y acciones.

Básicamente, el sistema de creencias que sustenta tu mentalidad va a influir directamente en tu actitud. Y es esa actitud la que determinará las decisiones que tomes y los pasos que des o, lo que es lo mismo, la manera en la que diseñarás tu futuro.

El siguiente diagrama representa con fidelidad el proceso en el que se basa la creación de tu destino:

PENSAMIENTOS Y CREENCIAS ⋯⟩ ⋯⟩ EMOCIONES ⋯⟩ ACTITUD ⋯⟩ ⋯⟩ DECISIONES ⋯⟩ ACCIÓN ⋯⟩ ⋯⟩ RESULTADOS ⋯⟩ DESTINO

Tus patrones mentales despiertan determinadas emociones que condicionan tu actitud y terminan empujándote bien a la toma de decisiones y acción o, por el contrario, a la inacción y la parálisis, generando así unos resultados concretos que podemos percibir como destino.

El germen de tu futuro está en la mente y si aprendes a controlar tus pensamientos y modificar tu discurso mental, en realidad lo que estás logrando es transformar tu vida.

Por eso es tan importante entender cómo funciona la mentalidad y empezar a trabajarla, porque todo comienza ahí.

Además de cultivar una *mentalidad* de crecimiento, podemos esforzarnos en mantener un *mindset* positivo o desarrollar un *mindset* de abundancia.

Son muchos los ángulos desde los que se nos presenta la oportunidad de trabajar la manera que tenemos de ver las cosas, y el resultado que obtendremos siempre merecerá la pena, ya que estaremos asumiendo un papel protagonista a la hora de diseñar nuestro destino.

No eres tú, son tus creencias

Ya hemos visto el rol tan importante que desempeñan las creencias en la configuración del mapa mental.

Una creencia implica aceptar algo como verdadero. Pero no es necesario que esté probado de manera empírica, porque en realidad es algo que damos por sentado sin ni siquiera cuestionarlo. Por tanto, el sistema de creencias se erige como una fuerza invisible que condiciona el comportamiento.

Al final, las creencias tienen un impacto directo en las decisiones que tomamos e influyen de manera innegable en nuestra vida.

Tu manera de percibir el mundo y de contemplarte a ti misma va a condicionar cada paso que das. Y es que, al final, todo es cuestión de perspectiva... Pero esta se puede cambiar si estamos dispuestas a movernos. Algo perfectamente viable puesto que no somos rocas... Quien quiere transformar su visión de las cosas solo tiene que ser flexible y desplazarse un poco.

Es obvio que las creencias, al condicionar nuestra propia perspectiva, también se pueden modificar.

A lo largo de la vida acumulamos cientos de creencias. Estas surgen de las experiencias personales (aprendizaje), pero no únicamente. También dependen de aquello que observamos a nuestro alrededor, como las vivencias de otras personas, los mensajes que nos transmiten nuestros padres, el entorno, los medios de comunicación, etc.

Además, en nosotras se da la tendencia a reforzar las creencias que ya albergamos y a rechazar la información nueva que contradice o cuestiona la manera que tenemos de ver el mundo. Por ejemplo, si yo estoy convencida de que no soy lo suficientemente buena, seré propensa a minimizar mis logros y quitarles importancia. Y cada vez que algo me salga bien, lo vincularé a la suerte o al azar más que a mi propia capacidad. A esto se le llama «sesgo de confirmación», y demuestra que recibimos la información de manera selectiva. Dicho sesgo cognitivo es una de las estrategias que utilizamos para resolver el conflicto interno que nace cuando hechos y creencias no concuerdan o cuando enfrentamos dos creencias contradictorias. Se le llama disonancia cognitiva y fue una teoría que formuló el psicólogo estadounidense Leon Festinger en 1957.

Tipos de creencias

Podemos clasificar las creencias de dos maneras diferentes: por un lado diferenciamos entre creencias centrales e intermedias, si atendemos a su nivel de profundidad. Y por otro, entre creencias limitantes y creencias potenciadoras, si nos fijamos en el tipo de efecto que desencadenan.

Creencias centrales y creencias intermedias

Las creencias centrales son aquellas ideas dominantes que la persona tiene acerca de sí misma. Si el individuo las cuestiona, en realidad está poniendo en tela de juicio su propia identidad. Por tanto, lo habitual es que las reconsideremos solo en momentos especialmente críticos, como pueden ser un despido, un divorcio, la pérdida de un ser querido, etc.

Las creencias intermedias están compuestas por valoraciones, suposiciones, reglas, etc., sobre diferentes asuntos. En conjunto se entremezclan creando un sistema en el que no necesitamos poner a prueba los elementos para darles credibilidad. Asumimos que las cosas son así.

Si yo te cuento que soy una mujer muy familiar, estoy manifestando una creencia central. Si me quejo de que los lunes son días muy duros, lo que se refleja es una creencia intermedia.

Creencias limitantes y creencias potenciadoras

Las creencias limitantes reflejan una percepción subjetiva de la realidad que nos impide crecer, evolucionar y alcanzar nuestros sueños. Son esas creencias que nos llevan a conclusiones erróneas. Por tanto, terminan produciendo infelicidad y anclándonos en la insidiosa zona de confort.

Las creencias potenciadoras consisten en pensamientos positivos y asunciones que nos permiten crecer y desarrollarnos como personas. Este tipo de patrones mentales refuerzan nuestra autoestima y nos llenan de motivación. De este modo, las creencias potenciadoras nos empujan a tomar decisiones desde un lugar de confianza.

Si te digo que nunca seré capaz de ascender en la empresa, estoy revelando una creencia limitante. Si por el contrario expreso con convicción que para final de trimestre habré batido con creces mis expectativas de venta, lo que dejo entrever es una creencia potenciadora.

En caso de que te estés preguntando qué es lo que puedes hacer para desarrollar un buen *mindset*, no te preocupes, que te voy a compartir unas cuantas estrategias de gran utilidad fáciles de aplicar. Toma nota y empieza a implementarlas en tu vida:

— Actúa como si ya hubieras alcanzado tu objetivo. Algunas personas son muy críticas con la idea del «**Fake it till you make it**» («Fíngelo hasta que lo logres»*)*, pero creo que es porque no han entendido bien el concepto. No se trata de promulgar la hipocresía o la vanidad, sino de pararte ante un dilema o decisión y plantear la siguiente pregunta: «¿Cómo se comportaría en esta tesitura mi versión más auténtica?», por ejemplo... O esta otra «¿Qué haría si no tuviera miedo?». También puedes directamente figurarte cómo resolvería esa situación una persona que admiras o *role model*. En el fondo no se trata de mentir, sino de acceder por la vía rápida a una mentalidad que aún no has consolidado en tu cabeza.

— **Modifica la manera en la que hablas de ti**, de tal forma que evites a toda costa mandarte mensajes negativos que supongan un machaque para tu autoestima. Censura las frases tipo: «Siempre me pasa lo mismo». «No soy suficientemente buena». «Esto es demasiado para mí».
    Mejor sustitúyelas por: «A la próxima seguro que lo consigo». «Cada día trabajo en ser mejor». «Mi meta está a mi alcance si me esfuerzo y abro la mente».

— **Plantéate preguntas constructivas**, no victimistas. En vez de «¿Qué es lo que hice mal?», cambia la perspectiva y considera «¿Cómo podría haberlo hecho mejor?».

— Evita centrar la conversación en tus frustraciones, problemas o fracasos, y en su lugar, elige **hablar de tus logros, de tus sueños y de todo aquello que te motiva y te hace feliz**.

— **Busca inspiración** en libros, formaciones, *podcasts*, películas, canciones y *role models*. Empápate de las ideas que te motivan, cultívalas, asimílalas... Haz de ellas tu nueva realidad.

— **Alinea tu mentalidad con tus aspiraciones.** Si piensas que no eres capaz, jamás vas a llegar... Así que empieza a convencerte de que eres la legítima dueña de tus sueños y de que estos son completamente posibles.

Ni dinero, ni suerte, ni contactos, ni truco... La mentalidad lo es todo, **amiga mía**, y como decía mi queridísimo Jung, hacer consciente lo inconsciente te permitirá tomar las riendas de tu destino. Invierte tiempo y esfuerzo en sacar a la luz todos esos pensamientos enterrados que te llevan al autosabotaje y pronto descubrirás lo increíblemente maravillosa que puede ser tu vida si estás convencida de que puedes y lo mereces.

Cómo identificar y transformar tus creencias

No es posible eliminar una creencia, sino que debemos reemplazarla por otra. Esto se debe a que no podemos no creer nada respecto a una idea que ya tenemos.

Si yo estoy convencida de que no soy deportista, y de repente le cojo el gustillo a correr e identifico que mi pensamiento era una falsa creencia, terminaré convencida de que soy una corredora *amateur*, una loca del running, o de que me encanta hacer ejercicio. De este modo, habré sustituido una idea por otra.

El primer paso para transformar una creencia limitante es identificarla. Pregúntate qué te produce insatisfacción e infelicidad y trata de encontrar las creencias que están detrás.

Luego indaga en su origen, buscando las experiencias que te llevaron a pensar así.

Por último, ¡cuestiónalas! Recuerda que las creencias no se basan en la evidencia, sino que son totalmente subjetivas.

Después busca una creencia potenciadora que reemplace a tu creencia limitante y conviértela en tu mantra. Poco a poco empezarás a ver un cambio significativo en tu actitud.

Las creencias en tu carta natal

Muchas personas aficionadas a la astrología tienen la tendencia a querer buscar atajos. «Julia, dime qué tengo que mirar para identificar mis creencias a través de mi carta natal». Y bueno... La respuesta correcta es que debes considerar la carta al completo porque el mandala zodiacal refleja la totalidad de tu psique y de tu ser. En este caso, no existen las recetas rápidas que nos ayuden. Tal y como hemos visto antes, las creencias centrales están vinculadas con la identidad, y por tanto pueden referirse al simbolismo de cualquier planeta...

Sin embargo, si buscas un proceso para empezar a indagar en tus propias creencias o en las de un posible cliente o conocido, te voy a dar algunas pistas.

1. Comienza poniendo atención a su discurso, sobre todo a las razones que esgrime para justificar por qué no intenta o no consigue algo. Escúchale con mucha atención y muy pronto empezarás a identificar las ideas que sustentan su forma de pensar.

2. Una vez identifiques estas creencias es muy revelador buscar qué arquetipos de su carta las explican. Por ejemplo, quizás te has percatado de que la persona considera que ganar dinero es muy difícil porque requiere muchos sacrificios... Y resulta que esa persona tiene un arquetipo de Capricornio muy marcado en su carta. En ese caso, ya sabes por dónde van los tiros (Capricornio es un signo que nos habla de resiliencia y trabajo duro).

3. Si te cuesta identificar las creencias en su discurso, proponle explorar el arquetipo de su Mercurio natal. Mercurio

simboliza el patrón personal de pensamiento y comunicación y es un excelente punto de partida. Puedes explicarle las características del signo (arquetipo) en el que se encuentra su Mercurio y preguntar si se siente identificado, explorar sus ideas, buscar *feedback*, etc.

4. Otro buen recurso para empezar a explorar las creencias es el signo ascendente, puesto que está muy vinculado al ego. Abórdalo igual que has hecho con Mercurio: expón las características y busca su *feedback*.

5. No olvides que muchas creencias las arrastramos desde la infancia y que, por lo tanto, lo aprendido de la madre (representada simbólicamente por la Luna y la casa 10) y del padre (representado por el Sol y la casa 4) también constituirá una vía de indagación interesante.

Práctica

IDENTIFICA TUS CREENCIAS LIMITANTES

Señala las creencias que resuenen más contigo para poder hacerlas conscientes, distanciarte de ellas y así transformarlas:

1.- CREENCIA LIMITANTE: NO SOY ATRACTIVA

— **Posible indicador astrológico:** Venus en posición débil (Aries, Escorpio o Virgo) o con aspectos duros de Saturno.

— **Nueva visión:** mi mayor atractivo es que soy única. Mi forma de ser es especial. No persigo el ideal de belleza prefabricado y artificial que venden las revistas y los filtros en redes sociales. Soy bella porque soy única.

2.- CREENCIA LIMITANTE: NECESITO CONTENTAR A OTROS PARA QUE ME AMEN

— **Posible indicador astrológico:** fuerza en los arquetipos de Piscis, Cáncer o Libra.

— **Nueva visión:** la opinión más importante para mí es la mía. Es imposible agradar a todo el mundo. Elijo agradarme a mí misma y nunca más traicionar mis ideales para encajar.

3.- CREENCIA LIMITANTE: EL PASADO CONDICIONA MIS LOGROS Y FELICIDAD FUTURA

— **Posible indicador astrológico:** Saturno en posición fuerte. (Por algo se le llama el Lord del karma).

— **Nueva visión:** lo único que tengo es el presente. Del pasado, elijo quedarme con el aprendizaje. Mis heridas no me definen. Cada día trabajo en ser mejor y transformo mis creencias, que son las que determinarán los logros que alcance.

4.- CREENCIA LIMITANTE: NECESITO SER RESCATADA PORQUE SOLA NO PUEDO

— **Posible indicador astrológico:** Neptuno o Luna en posición fuerte. Arquetipo de Piscis destacado.

— **Nueva visión:** confío en mí misma. Tengo la posibilidad de crecer y aprender nuevas habilidades para hacerme cargo. Soy fuerte y capaz y avanzo a cada paso.

5.- CREENCIA LIMITANTE: NO SOY LO SUFICIENTEMENTE INTELIGENTE

— **Posible indicador astrológico:** Mercurio o Sol en aspectos duros con Saturno.

— **Nueva visión:** soy la última responsable de mis elecciones. Tengo la posibilidad de desarrollar mis talentos y habilidades para elevar mi potencial y llegar lejos. Me elijo a diario.

6
La ruta que te sacará de la zona de confort

«Haz cada día una cosa que te asuste».

Eleanor Roosevelt

«Todo aquello que deseas está al otro lado del miedo» asegura el escritor motivacional americano Jack Canfield. Y lleva razón. Pero abandonar la «zona segura» es algo que nos intimida muchísimo, sobre todo si estamos en modo «retirada» y nuestra motivación principal es la conservación. En ese contexto nos da pavor perder algo importante para nosotros. Entonces... ¿cómo hacemos para cruzar el puente que nos separa de la felicidad?

Atrévete a dar el salto

Si quieres saltar, tendrás que tomar impulso y alzar los dos pies del suelo a la vez... No hay otra. Al igual que en la vida, cuando de verdad deseas ganar, has de ser capaz de tomar riesgos sin miedo. O aprender a lidiar con él, mejor dicho, porque el miedo, amiga, nunca llega a desaparecer del todo... Con suerte, se convierte en excitación, anticipación o mariposas revoloteando por tu estómago. Pero para que así sea, necesitas cambiar de actitud.

A la hora de aprender a tomar riesgos y afrontar el miedo con éxito, primero es preciso entender en qué consiste exactamente.

El miedo es tan solo una emoción con una tarea muy importante: garantizar tu supervivencia.

Esto es útil y necesario cuando te encuentras en situaciones de peligro, pero se puede convertir en un problema serio si el miedo es irracional o desproporcionado. Lo vemos claramente en el caso de ciertas fobias que limitan la vida de quienes las padecen como, por ejemplo, el miedo a los espacios cerrados, el miedo a hablar en público o el miedo a volar.

Obviamente, si tu miedo es patológico, tendrás que hacerle frente con un especialista que te ayude a superarlo, pero en la mayoría de las ocasiones se trata de una reacción normal ante la incertidumbre y lo desconocido. Y con un poco de práctica, serás capaz de transformar tu miedo en motivación por ti misma.

Al fin y al cabo, al salir de la zona de confort, o de aquellas situaciones, entornos, actitudes, etc. que nos hacen sentir cómodos, nos aventuramos en terreno desconocido y por ello es normal que nuestro cuerpo entre en estado de alerta. Pero es precisamente entonces cuando nos abrimos a nuevas oportunidades... Porque si continuamos operando de la misma manera siempre, al final, caemos en un bucle que nos impide lograr resultados distintos.

Para minimizar el miedo necesitas gestionar la incertidumbre. Y para ello te vendrá de perlas tener un plan de contingencia, o sea: un plan B. Así que empieza a preguntarte cuáles son los posibles escenarios en los que terminarías si te atreves a dar el salto, y qué alternativas tienes en caso de que las cosas no salieran como habías pensado. La previsión te hará más fuerte. Y aprender a caer es algo esencial para no hacerse daño.

Saltar hacia una vida mejor como una *pro*

Cuando llega el momento de lanzarse... *¿cómo lo haces?, ¿cómo puedes saltar como una pro sin darte el porrazo de tu vida?*

Bueno, primero necesitas tener claro que el riesgo cero no existe. Si quieres conquistar las más altas cimas subida en un camión blindado que te proteja de inclemencias y adversidades, vete abandonando la idea cuanto antes... Para triunfar, tendrás que exponerte y mojarte el culo. No hay otra opción. Pero si tomas riesgos calculados, todo será mucho más sencillo.

Porque no es lo mismo saltar al vacío con los ojos cerrados, que medir la distancia y concluir que, en caso de caída, lo máximo que puede pasarte es que te tuerzas un tobillo... Probablemente, ese riesgo sí que lo puedes asumir sin hacer drama. Incluso cuando saltar no es lo tuyo.

Así que no seas kamikaze y apuesta por los pequeños pasos que te permitan avanzar de manera constante. De vez en cuando tomarás un impulso mayor, ya lo verás... Todo es cuestión de práctica y antes de lo que imaginas terminarás cogiéndole el gustillo. Lo importante es que te vayas acostumbrando a la aventura y que poco a poco generes cierta tolerancia a lo incierto. Disfruta el proceso a cada instante y no te aceleres. ¡No hay necesidad! Es la perseverancia la que nos ayuda a crecer, más que la intensidad inicial que siempre va decreciendo. Resulta difícil mantener la motivación si no hay compromiso.

Otra perspectiva que te ayudará a saltar sin miedo es la de perder el temor al fracaso. O mejor dicho... Borrar la palabra «fracaso» directamente de tu vocabulario. Los fallos garrafales no existen si empiezas a verlos como valiosas lecciones de vida. Sin errores, no hay crecimiento. Abrázalos como lo que son: tus mejores maestros.

De nuevo, cambiar la perspectiva transforma tu realidad y te permite adoptar una actitud muy distinta.

Cuando tienes miedo al éxito

Pero a veces no es fracasar precisamente lo que nos intimida, sino que, contra todo pronóstico, lo que realmente nos da miedo es ¡la posibilidad de tener éxito! Al fin y al cabo, el éxito es territorio desconocido (*de nuevo aparece aquí el anclaje a la zona de confort*) y, a veces, el temor a que nuestra vida cambie o a no estar a la altura puede conducirnos al puro y duro autosabotaje.

Trabajar la autoestima y el merecimiento es imprescindible si queremos perder el temor a llegar a lo más alto. Porque para obtener lo que deseas debes estar plenamente convencida de que es para ti. De lo contrario, vas a ponerte la zancadilla una y mil veces.

Por último, tendrás que ser capaz de crearte una coraza de acero ante las críticas. Tomar riesgos muchas veces supone ir contracorriente. Por lo que te verás sometida a los juicios y las opiniones de aquellos que prefieren seguir los pasos del redil. ¡No dejes que te afecte! Posiblemente te atacan porque tu valentía les recuerda su mediocridad. El problema no es tuyo... Es de ellos. ¡Adelante con tus sueños y no des ni un paso atrás! Busca la compañía de aquellos que te suman y desoye los consejos no pedidos de quien solo quiere restar. Si ellos no lograron lo que tú estás intentando, su opinión es totalmente prescindible.

De la zona de confort a la zona del genio

El psicólogo estadounidense Gay Hendricks ofrece en su libro *The Big Leap* (en español, *El gran salto*) las claves para pasar de la insidiosa zona de confort a la creativa zona del genio.

Hendricks diferencia entre cuatro zonas claras:

— **La de la incompetencia:** actividades que se nos dan directamente mal.

— **La de la competencia:** actividades en las que podemos defendernos pero no somos especialmente buenos, sino mediocres.

— **La de la excelencia:** actividades para las que tenemos un talento natural y en las que destacamos.

— **La del genio:** actividades que nos permiten entrar en estado de flujo, nos concentramos, fluimos y perdemos la noción del tiempo, ya que estamos conectadas con un propósito mayor.

Todo lo que no es zona del genio es zona de confort, porque incluso cuando estamos usando nuestros talentos (zona de la excelencia), si no nos esforzamos por mejorar, no estamos creciendo. Y eso implica que priorizamos la comodidad a la realización. La zona del genio es tu diamante una vez ya lo has pulido, el elixir que vas a compartir con el mundo cuando retornas victoriosa de tu viaje de la heroína.

Hendricks recomienda empezar dedicando al menos 10 minutos diarios a cultivar la zona del genio. Puedes probar a entrar en estado de flujo practicando el *journaling*, la meditación y todas aquellas actividades que sientas que te ayudan a orientar mejor tu propósito.

Las razones detrás de tu autosabotaje

Muchas veces, lo que nos mantiene ancladas a la zona de confort es el miedo. Y es que detrás del síndrome del impostor y la tendencia a tocar techo no hay otra cosa que temor.

En realidad, el síndrome del impostor lleva toda la vida entre nosotros y radica en la pura y dura inseguridad o miedo a no estar a la altura y fracasar.

La definición de «síndrome del impostor» que utilizamos hoy es la de las psicólogas *Pauline Rose Clance* y *Suzanne Imes*, quienes en 1978 se percataron de que muchas mujeres atribuían su éxito a la mera suerte y se sentían un fraude.

El enemigo de las mujeres

Y aunque es cierto que el síndrome del impostor no tiene género y ellos tampoco están inmunizados a él, su prevalencia es significativamente mayor entre el sexo femenino.

El 66 por ciento de las féminas reconoce haber sufrido en algún momento el síndrome del impostor, mientras que solamente un 55 por ciento de hombres lo hace. Quizás la escasa representación femenina en puestos de entidad en gobiernos y organizaciones a lo largo de la Historia tenga algo que ver en esto. Tal vez, el silenciamiento sistemático de las voces de mujeres también esté relacionado. Nos faltan *role models* como nosotras... y en consecuencia, no nos creemos nuestro éxito ni nos sentimos dignas de él. Básicamente, porque no lo hemos visto antes y no pensamos que sea posible.

Un acicate para superarnos a nosotras mismas

Sin embargo, el síndrome del impostor tiene un lado positivo y es que puede convertirse en una llamada a la superación. Eso sí, hemos de ser capaces de manejar el miedo y la inseguridad y convertirlos en inconformismo. Así podremos llegar muy lejos… Porque solo donde hay tensión se produce el crecimiento. Y es que si ya me creo que soy absolutamente perfecta… ¿para qué *voy a esforzarme en mejorar?* Un ego inflado acaba convirtiéndose en la cadena que te ata a tu zona de confort. En un mundo en el que «solo el sabio conoce lo mucho que ignora», tal vez es que el sabio también padecía —en cierto grado— el síndrome del impostor.

Así que no nos flagelemos cada vez que sintamos dudas sobre nuestra capacidad o nos invada un fuerte deseo de mejorar… Como sucede con casi todo, el problema real llega cuando esta actitud se convierte en algo patológico y frena nuestro avance o nos lleva a sufrir.

¿Cuáles son los síntomas que podrían indicar que el síndrome del impostor te está impidiendo desarrollar tu potencial con plenitud?

Obviamente, el escuchar esa voz interior que te dice que no eres capaz, que no lo mereces y que pronto todos se darán cuenta del engaño, es un claro indicador de que sufres el síndrome del impostor.

Pero también son señales del temor a desilusionar a los demás por no estar a la altura, el quitarles mérito a tus logros de manera sistemática y no aceptar con agrado los cumplidos, el pensar que tu formación y tu experiencia no valen nada, el sentirte infeliz y desgraciada en tus rutinas diarias, la baja autoestima y la tendencia al autosabotaje… Y ¡cómo no! la propensión a trabajar de manera compulsiva, movida por un perfeccionismo atroz.

El antídoto al síndrome del impostor

Si te has sentido identificada, no te preocupes, porque todo tiene solución.

El primer paso es reconocer que la tendencia al perfeccionismo está ahí y no va a desaparecer del todo. Así que lo hay que hacer es cambiar de actitud y modificar la manera en la que nos hablamos. Ya hemos visto que la insatisfacción nos mueve a la superación, pero no es lo mismo decirte: «Esto está fatal. No vales para nada», que «La próxima vez te saldrá aún mejor, querida. Enhorabuena por tu esfuerzo y todo lo que has conseguido». Tratémonos con compasión y mimo y valoremos lo logrado.

Además, intenta sincerarte y hablar de tus inseguridades con quienes tengas confianza. Coméntalo con tus amigas, tu psicóloga, tu *coach*... No te lo tragues todo tu solita porque se te va a indigestar. Ponerle voz te hará sentir inmensamente mejor.

Recuerda que el síndrome del impostor afecta principalmente a mujeres ambiciosas orientadas al logro. ¡Eso no es para nada malo! Todo lo contrario. Se trata de que evites que el miedo te frene y sigas avanzando. No rechaces oportunidades por temor a no estar a la altura. ¡Rétate a ti misma! Y céntrate en tus fortalezas, en lugar de en tus debilidades. Y sobre todo, recuerda que la impostora no eres tú... La impostora es esa voz que te dice que no puedes, no debes o no lo mereces. Es ella (y no tú) la que debe callarse para siempre.

El autosabotaje que llega cuando crees que has tocado techo

Gay Hendricks lo llama «*upper limit problema*» pero en español podemos referirnos a él como las consecuencias que acarrea el haber «tocado techo».

Todos tenemos una especie de termostato interno que nos dice cuál es la cota máxima de éxito, realización y felicidad que podemos alcanzar. Cuando superamos esa cota comienza el autosabotaje e, inconscientemente, buscamos razones para ser infelices. *¿Cómo?* Pues preocupándonos por nimiedades, sintiéndonos mal sin estar muy seguras de por qué, provocando discusiones con seres queridos, etc. Muchas veces caemos en la trampa justo después de haber logrado algo grande o haber recibido buenas noticias. Parece que no tenemos derecho a permitirnos «ser felices».

Es como si considerásemos que aquello bueno que nos pasa es «demasiado bonito para ser verdad».

Todo esto es más fácil de combatir cuando tomamos conciencia de que somos nosotras quienes, de una manera u otra, le ponemos freno a nuestra expansión.

Al hacerlo, estamos tomando distancia de la emoción y examinándola desde una mirada objetiva, de tal forma que la controlamos nosotras a ella y no a la inversa. Hacer consciente lo inconsciente te permite gestionarlo mejor.

Dimensión astrológica de la zona de confort y los miedos

Todo aquello que sucede en tu vida y en tu psique tiene un reflejo simbólico, y por tanto, se puede abordar interpretando la carta natal. ¿Cómo analizamos la zona de confort desde esta perspectiva? Pues te vas a sorprender... Son los aspectos tensos, como oposiciones y cuadraturas, los que te sacan de la comodidad.

Por ejemplo, las cuadraturas que puede haber en la carta tienen un efecto curioso... Mientras algunos las ven como una carga o un yugo, para otros son estupendas oportunidades.

La cuadratura es un aspecto en el que dos planetas están separados por una distancia de 90° (o sea, en ángulo recto). Se trata de un aspecto dinámico que expresa tensiones, movimiento, esfuerzo, irritación o dificultad, por lo que muchas personas lo interpretan como algo «negativo». Pero no tiene por qué ser así...

Las cuadraturas que te sacan de tu zona de confort

En realidad es como el tema del vaso a la mitad... ¿Está medio lleno o medio vacío? Todo depende de la perspectiva. De si uno tiende a ser optimista o más bien pesimista.Las cuadraturas son solo la motivación que nos obliga a abandonar la zona de confort. Gracias a las cuadraturas pillamos el truco a los retos y nos movilizamos para lograr cosas que, *a priori*, intimidan un poquito... De hecho, resulta mucho más costosa para el ser humano la ausencia total de tensiones en su ADN cósmico que una carta de por sí bastante complicada. Recordad que esta vida es un viaje y que el premio no está en la meta, sino en cada una de las experiencias adquiridas durante el camino. Si tu carta está repleta de cuadraturas y las has afrontado con mentalidad de crecimiento y superación, llegarás al final del trayecto conservando el brillo en la mirada y con cientos de batallitas que contar. Si, por el contrario, es una carta «excesivamente» armónica y has elegido adoptar actitudes pasivas, corres el riesgo de haberte acomodado y acumular arrepentimientos.

Recuerda que es mucho más doloroso reprocharnos aquellas cosas que nunca nos atrevimos a hacer que los errores cometidos. De cada fallo se aprende, los fracasos te hacen grande, pero... ¿la *cobardía*? ¿*la comodidad*? Ya no es que sean un lastre, es que son un veneno que nos va matando poco a poco.

Las cuadraturas, o mejor dicho, aquello que simbolizan, duele. Por supuesto que muchas veces escuece. Pero gracias a ellas podemos seguir al pie del cañón a cada paso que damos. Sé consecuente con la vida y pon cada reto en perspectiva. No maldigas tus cuadraturas u otros aspectos difíciles, ya que están allí por una razón. Son tu *coach* personal, el programa de entrenamiento que te ha asignado la vida para que cumplas los objetivos que tu alma un día se propuso. Son el campo de ensayos que hemos elegido para volvernos maestras... Una vez las hayas dominado, serás prácticamente invencible.

El nodo sur y el territorio de lo conocido

Hablemos ahora de los nodos del karma porque nos van a ayudar a entender la ruta particular de nuestra existencia.

Los nodos lunares (o del karma) son los dos puntos en los que se corta la órbita de la Luna con la eclíptica (línea que dibuja el tránsito aparente del Sol en la esfera celeste observado desde nuestro planeta) y nos hablan de nuestro *dharma* (nodo norte ☊) y nuestro karma (nodo sur ☋).

En un sentido simbólico, el nodo sur refleja aprendizajes pendientes, experiencias de vidas pasadas, dones y en general aquello que ya conocemos. Por eso es fácil y natural asociarlo a la zona de confort.

Sin embargo, en el nivel de evolución arquetípica nuestro camino lo marca el nodo norte y requiere que hagamos un esfuerzo. Quedarnos en todo aquello que evoca el nodo sur es tentador, porque ya lo conocemos... Así que resulta cómodo. Nos ancla a lo confortable. El reto, sin embargo, es usar la sabiduría que refleja nuestro nodo sur para avanzar hacia el nodo norte. Por ejemplo, si tengo el nodo sur en Aries y el nodo norte en Libra, puedo usar mi capacidad y tomar la iniciativa (Aries) para planificar cosas con mi pareja, aprendiendo a escucharle y respetando su opinión (Libra). De este modo, integro una tendencia natural (liderar) con aquello que tengo que aprender (negociar y escuchar).

La información que tienes en el dosier del principio sobre los doce arquetipos astrológicos te servirá para ir deduciendo las cualidades asociadas a tu nodo sur y a tu nodo norte y diseñar tu propia ruta, pero aquí te dejo también algunas pistas para inspirarte a la hora de integrar tus nodos alcanzando el equilibrio y sin perderte en los extremos:

℧♎ ☊♈ **INTEGRAR NODO SUR EN LIBRA, NODO NORTE EN ARIES:** con diplomacia y tacto, aprendo a liderar.

℧♏ ☊♉ **INTEGRAR NODO SUR EN ESCORPIO, NODO NORTE EN TAURO:** con pasión y sin miedo, disfruto de las cosas sencillas.

℧♐ ☊♊ **INTEGRAR NODO SUR EN SAGITARIO, NODO NORTE EN GÉMINIS:** sin perder de vista mi gran sueño, diseño el paso a paso para lograrlo.

℧♑ ☊♋ **INTEGRAR NODO SUR EN CAPRICORNIO, NODO NORTE EN CÁNCER:** utilizo mi responsabilidad y mi sentido del deber para crear un hogar y mantener unida a mi familia.

℧♒ ☊♌ **INTEGRAR NODO SUR EN ACUARIO, NODO NORTE EN LEO:** sabiendo qué es lo que me hace diferente, me atrevo a brillar con luz propia.

℧♓ ☊♍ **INTEGRAR NODO SUR EN PISCIS, NODO NORTE EN VIRGO:** fluyendo con las circunstancias y la vida, traigo orden al caos.

☋♈ ☊♎ **INTEGRAR NODO SUR EN ARIES, NODO NORTE EN LIBRA:** uso mis dotes de liderazgo para planificar cosas con mi pareja.

☋♉ ☊♏ **INTEGRAR NODO SUR EN TAURO, NODO NORTE EN ESCORPIO:** con tranquilidad y paciencia, me hago cargo de mi poder y me enfrento a las vicisitudes de la vida.

☋♊ ☊♐ **INTEGRAR NODO SUR EN GÉMINIS, NODO NORTE EN SAGITARIO:** la suma de mis múltiples intereses me permite encontrar mi verdadera pasión y convertirme en maestra.

☋♋ ☊♑ **INTEGRAR NODO SUR EN CÁNCER, NODO NORTE EN CAPRICORNIO:** mi preocupación sincera por los demás me ayuda a ganarme el respeto de otros y convertirme en una líder empática y considerada.

☋♌ ☊♒ **INTEGRAR NODO SUR EN LEO, NODO NORTE EN ACUARIO:** la seguridad que tengo en mí misma me permite contribuir a las causas que me importan.

☋♍ ☊♓ **INTEGRAR NODO SUR EN VIRGO, NODO NORTE EN PISCIS:** mi paciencia y método me permiten dejarme llevar e improvisar de vez en cuando.

El miedo desde una perspectiva simbólica

Si la carta astral es un mandala en el que está contenido el todo, es obvio que también refleja nuestros miedos, tanto conscientes como inconscientes.

La exploración de los miedos en la carta natal podemos iniciarla analizando aquello que evoca la posición de Saturno, puesto que su sentido simbólico le es afín.

El romano Saturno (o Cronos en la mitología griega) es considerado dios del tiempo y las tempestades. Era un dios cruel que castró a su padre, Urano, y devoró a sus hijos sin clemencia. Al igual que el arcano 13 en el tarot, lleva una guadaña en la mano, recordándonos que la muerte segará el destino de todos, sin importar género, clase social o condición. Y es que la muerte (arcano 13) resulta inevitable. Es solo cuestión de tiempo (Saturno). Y en la misma vida, pasaremos por varios momentos que se sentirán como una «pequeña muerte». Principios y finales que nos podrán en contacto con el duelo.

El poder igualitario de la muerte y su avance implacable ya lo expresó magistralmente Jorge Manrique en el siglo xv en las coplas a la muerte de su padre:

> Recuerde el alma dormida, / avive el seso y despierte
> contemplando / cómo se pasa la vida,
> cómo se viene la muerte / tan callando;
> cuán presto se va el placer; / cómo después de acordado
> da dolor; / cómo a nuestro parecer
> cualquiera tiempo pasado / fue mejor.

El paso del tiempo (Saturno) evoca nuestra condición de mortales y exacerba esa angustia existencial de la que nadie escapa.

Saturno es estructura, compromiso, solidez, bases…, pero también representa los límites, la decadencia, el pesimismo y el miedo. La lectura de un símbolo siempre es dual.

No olvides que en las primeras páginas de este libro tienes un dosier para consultar cómodamente las claves simbólicas de cada signo, planeta, casa o aspecto cada vez que te aventures a interpretar algo. Pero, sobre todo, ten en cuenta que aquí lo que importa son las asociaciones que te surjan en la mente según tu contexto y tu experiencia personal. Nadie sabe más de tu vida que tú misma. No hay interpretación perfecta, sino evocaciones útiles y puertas que se abren a tu mente inconsciente.

Por ejemplo, quizás tengas Saturno en Libra, que es un arquetipo con mucho interés en las relaciones y el amor. En ese caso resultaría interesante que reflexionaras sobre a qué le tienes miedo en una relación sentimental. ¿Me da miedo que me dejen?, ¿me asusta la soledad?, ¿me *atemoriza perder mi libertad…?* Los enfoques pueden ser muy distintos. Lo realmente valioso es la toma de conciencia a la que llegues contestando las preguntas que tú misma te hagas, porque nadie sabe más de tu vida que tú.

Lee la definición de Saturno en el signo que ocupa en tu carta natal y luego crea tus propias preguntas en base a lo que ese arquetipo evoque y te sugiera.

Obviamente, los miedos no están únicamente circunscritos a Saturno, pero constituyen un buen punto de partida para empezar a tirar del hilo.

Otra manera de abordar el miedo sería la exploración de Plutón / Hades (dios del Inframundo).

Si Saturno es el dios del tiempo y nos recuerda nuestra condición de mortales, Plutón reina en las tierras donde van a perecer las almas de los que ya murieron. Reconozcamos que así, *a priori*, Plutón también intimida... Y quizás por ello, simbólicamente hace referencia a nuestros miedos, pánicos y fobias. Por tanto, podemos explorar la posición de Plutón y hacernos más preguntas, realizando un ejercicio similar al que hicimos con Saturno.

Además, la casa 8 (crisis, transformaciones) y la casa 12 (finales) también pueden evocar temores profundos. Porque el cambio siempre nos produce cierto temor.

Si te bloquea utilizar la astrología para explorar tus miedos, no te preocupes, no es obligatorio recurrir a ella en absoluto. Se trata de un recurso que tienes a tu disposición si deseas usarlo, pero la idea es que te ayude, no que te bloquee.

Los símbolos están para darnos impulso, no para ponernos un freno. Por eso, te propongo tomar bolígrafo y papel y responder a estas preguntas sin necesidad de mirar tu carta natal. Te servirán para explorar, afrontar y minimizar tus temores.

— ¿Qué me paraliza?, ¿dónde no sé cómo actuar?
— ¿Qué me preocupa y me quita el sueño por las noches?
— ¿Qué estoy postergando indefinidamente?
— ¿Cuál sería la peor consecuencia posible de mi éxito?
— ¿En qué área de mi vida estoy cerrando los ojos?
— ¿Qué voy a hacer para asumir la responsabilidad de lo que me pasa?

Práctica

EXPLORANDO EL MIEDO A TRAVÉS DE SATURNO

Localiza a Saturno en tu carta natal y contesta a estas preguntas:

1. ¿EN QUÉ SIGNO ESTÁ SATURNO?

2. SEGÚN LA INFORMACIÓN QUE TIENES EN EL DOSIER DE CADA SIGNO, ¿QUÉ REPRESENTA EL SIGNO DONDE SE ENCUENTRA SATURNO EN TU CARTA?

3. ¿QUÉ PREGUNTAS EN TORNO AL MIEDO SE TE OCURREN SOBRE LA TEMÁTICA ARQUETÍPICA QUE ACABAS DE EXPRESAR?

4. RESPONDE TUS PROPIAS PREGUNTAS

5. ¿EN QUÉ CASA ESTÁ SATURNO?

6. SEGÚN LA INFORMACIÓN QUE TIENES EN EL DOSIER DE CADA CASA, ¿QUÉ ÁREAS DE LA VIDA REPRESENTA LA CASA DONDE SE ENCUENTRA SATURNO EN TU CARTA?

7. ¿QUÉ PREGUNTAS EN TORNO AL MIEDO SE TE OCURREN SOBRE EL ÁREA VITAL QUE REPRESENTA QUE ACABAS DE EXPRESAR?

8. RESPONDE A TUS PROPIAS PREGUNTAS

9. ¿TIENEN FUNDAMENTO TUS MIEDOS? ¿A QUÉ PROPÓSITO SIRVEN? ¿QUÉ PLAN DE CONTINGENCIA PUEDES CREAR PARA ENFRENTARLOS?

7

Claves para romper patrones dañinos

«Nuestros cerebros se renuevan a sí mismos
a lo largo de la vida hasta un punto que
previamente no creímos que fuera posible».

Michael S. Gazzaniga

Los patrones que te esclavizan

Creemos que somos libres y estamos absolutamente convencidas de que cada decisión que tomamos nace de la individualidad, pero lo cierto es que no es así. En realidad tenemos una relativa adicción a nuestra forma de pensar. Y esta viene marcada tanto por lo que hemos observado en nuestro entorno, como por experiencias previas que tuvimos en el pasado.

Nuestros patrones mentales son condicionantes que desencadenan reacciones automáticas e inconscientes. Por lo que la mayoría del tiempo actuamos de forma instintiva y automatizada ante estímulos tanto internos, como externos. Por tanto, podemos concluir que nuestro pensamiento viene condicionado y que muchas de las actividades que realizamos en el día a día dependen de los patrones mentales que hemos construido previamente.

De hecho, los mismos hábitos no son otra cosa: se trata de «caminos» mentales que han sido reforzados por las conexiones neuronales. El cerebro tiende a ahorrar energía y no repetir el esfuerzo una y otra vez para desarrollar una misma tarea. Por eso, creas el hábito de lavarte los dientes antes de ir a dormir, darte una ducha a primera hora de la mañana, o recoger tu escritorio al final de la jornada. Porque si tuvieras que pensar cada detalle de todo lo que haces, terminarías la jornada exhausta.

La raíz de los hábitos emocionales

Pero los hábitos no hacen referencia únicamente a las tareas rutinarias, sino que pueden tener un componente emocional. Gran parte de la información emocional es procesada de manera inconsciente e influye en cómo pensamos.

Por tanto, los hábitos emocionales son los comportamientos que hemos adquirido y automatizado, tomando ejemplo de lo que vemos en el entorno y en nuestra familia. El desarrollo del hábito emocional depende de un condicionamiento inconsciente que nos lleva a responder a diversos desencadenantes, con una reacción emocional concreta y definida. Esa emoción acaba convirtiéndose en el estándar de cómo reaccionamos ante determinada situación y terminamos automatizando el proceso.

El peligro reside en el riesgo de asociar esas emociones automatizadas a nuestra identidad, cuando en realidad se trata de algo que podemos cambiar si quisiéramos y supiésemos cómo.

Por ejemplo, quizás yo he aprendido a reaccionar con ira y enfado ante la frustración porque es lo que he visto en mi casa. Como es lo que sé hacer, cada vez que las cosas no me salgan según lo planeado, tenderé a enfadarme mucho y montar un drama, puesto que se trata de un proceso que he automatizado. Pero no tiene por qué ser siempre así, ya que puedo adquirir un hábito emocional diferente.

Cómo romper con patrones dañinos

Desarrollar un hábito emocional insano puede resultar muy perjudicial. Pero también lo son otro tipo de hábitos como fumar, beber, pasar demasiado tiempo chequeando las redes sociales o consumir comida basura.

Hay muchos patrones que terminan pasándonos factura y que podríamos romper, si supiéramos cómo lograrlo. Y podemos. Existe una vía para ello... Los patrones de pensamiento y de conducta se modifican gracias a la neuroplasticidad.

Precisamente, y aunque parezca una paradoja, es aquello que favoreció en primera instancia que adoptaras el mal hábito lo que puede ayudarte a destruirlo.

¿Qué es la neuroplasticidad?

Corría el año 2006 cuando se llevó a cabo un estudio para analizar la estructura del cerebro de los taxistas londinenses (*Maguire 2006*).

Londres es una ciudad peculiar. La extensión y complejidad de su mapa urbano hacen que la tarea de convertirse en taxista se vuelva un reto equiparable al de cursar una carrera universitaria.

Los resultados del estudio no dejaron lugar a dudas: la parte del cerebro que refleja la capacidad espacial (el hipocampo) estaba significativamente más desarrollado en los taxistas de Londres que en cualquier otra persona. Pero cuando el taxista se jubilaba y dejaba de ejercer su profesión, el hipocampo encogía y retornaba a un tamaño normal.

Esto es porque los taxistas de la capital de Inglaterra necesitaban almacenar y procesar con rapidez un montón

de información sobre las calles para poder desempeñar bien su trabajo. Y ello provocó que desarrollasen especialmente ciertas partes del cerebro. No se trata de un talento innato. Ellos no nacieron así, sino que se adaptaron a los requerimientos de su profesión. Sin embargo, cuando dicho requerimiento desaparecía, el cerebro volvía a modificarse.

Estos cambios se deben a la neuroplasticidad, y están al alcance de todos.

La neuroplasticidad es la habilidad del cerebro para reorganizar las conexiones neuronales. Gracias a ella podemos adquirir nuevas capacidades, acelerar los procesos de aprendizaje, mejorar el control motriz, fomentar la memoria, potenciar la capacidad funcional del cerebro y favorecer la recuperación de lesiones cerebrales, por ejemplo. Y es que la neuroplasticidad abre una puerta a la reestructuración de la manera que tenemos de comportarnos, pensar y recordar, haciendo factible la modificación de conductas automatizadas o hábitos y de patrones mentales.

¿Cómo lo logramos? Básicamente, mediante la repetición. Insistir en las mismas acciones una y otra vez es lo que hace posible la creación de nuevas rutas neuronales. Dicen que aprendemos por repetición. Y para desaprender lo que no nos hace bien, debemos empezar a repetir conductas opuestas.

Cómo modificar un hábito a través de la neuroplasticidad

Philippa Lally, investigadora en University College of London, llevó a cabo un estudio que analizaba el proceso de formación de hábitos diarios.

Los resultados fueron concluyentes: el tiempo necesario para automatizar la conducta varía entre 18 y 254 días, un margen bastante amplio. Si calculamos la media, el período necesario para la transformación es de 66 días, o sea, poco más de dos meses.

Sin embargo, hay otras formas de verlo: en la práctica de *kundalini* yoga, por ejemplo, se realizan repeticiones de *kriyas* (ejercicios) durante cuarenta días para lograr el cambio deseado.

Por otra parte, a nivel popular se ha generalizado la creencia de que hacen falta tres semanas (21 días) para romper un hábito. Esta idea proviene del cirujano plástico estadounidense Maxwell Maltz, quien había observado cómo sus pacientes tardaban en acostumbrarse a su nueva imagen tres semanas.

En cualquier caso, ve mentalizándote de que para construir un hábito nuevo vas a tener que repetirlo hasta la saciedad. Una vez cruces la frontera de los 21 días, apunta a los 40, y después a los 66... Y cuando lo hayas logrado, ¿qué te cuesta seguir? Quizá el secreto resida en ir cruzando metas poco a poco.

Eso sí, es importante que tu motivación sea fuerte y que tenga relación con tus valores. Porque es evidente que si la meta que te has propuesto no tiene importancia para ti, vas a claudicar ante el primer obstáculo o tentación. Por ejemplo, no es lo mismo querer adelgazar porque el médico te ha advertido que, de no hacerlo, enfrentarás un problema de salud grave, que desear perder peso para entrar en tu vestido de hace doce años. *A priori*, el argumento de la salud es una razón más poderosa, porque va directamente vinculado a tu supervivencia.

Sin embargo, muchas veces, la meta parece importante y, sin embargo, nos autosaboteamos una y otra vez. Cuando esto ocurre, probablemente es porque albergamos un conflicto inconsciente entre dos creencias contradictorias. Por ejemplo, a nivel consciente quizás yo deseo perder peso, pero inconscientemente tengo la creencia de que si soy más delgada, atraeré a hombres superficiales que solo se enamorarán de mi por mi aspecto. En ese caso, una parte de mí preferirá quedarse como está... Y ello me llevará a caer en patrones de autosabotaje. Utilizar técnicas como la programación neurolingüística y la hipnosis resulta muy útil para tratar la raíz inconsciente de los hábitos dañinos.

El inconsciente en la carta natal

En astrología, encontramos información del inconsciente tanto en la Luna como en la casa 12, además de en el nodo sur.

A nivel simbólico, la Luna representa la naturaleza emocional de la persona. Y las emociones evocan procesos inconscientes. De hecho, a veces sucede que te sientes mal o ansiosa y no recuerdas muy bien por qué estás así. Necesitas realizar un esfuerzo mental para ser capaz de evocar qué hechos (en ese momento inconscientes) desencadenaron dicha emoción.

Analizar tu Luna natal puede ayudarte a entender mejor por qué sientes como sientes y qué es, por tanto, lo que te mueve a actuar. No olvidemos que los pensamientos generan emociones, las emociones, actitudes, y que son las actitudes las que nos llevan a tomar decisiones y acción. Una vez comprendes el funcionamiento de tus emociones, tienes más margen de maniobra para distanciarte de ellas y evitar que jueguen contigo. Cuando las emociones afectan al juicio, siempre es mejor poner distancia.

Por otro lado, la casa doce simboliza el inconsciente, tanto personal, como colectivo. Y, además, representa todo aquello que desconocemos o está oculto a nuestra vista, las experiencias intrauterinas y la información relacionada con vidas pasadas. Es la casa en la que todo termina, antes de volver a empezar.

El nodo sur también representa tendencias del pasado (incluso de otras vidas) que reaparecen en nuestra manera de actuar automáticamente.

Como puedes ver, el análisis simbólico nos ayuda a evocar contenidos que no son evidentes y ganar así mayor conciencia. Además, si lo combinamos con actividades como la meditación, ayudaremos a la mente consciente a recuperar parte de su poder. Porque el inconsciente es poderoso, pero necesitamos un piloto (la mente consciente) que dirija hacia dónde va, y por tanto, a dónde caminamos nosotras.

Práctica

PROGRAMA TU MENTE PARA EL FUTURO SOÑADO

Si a veces te cazas a ti misma alimentando pensamientos negativos, es hora de cambiar el patrón. Para crear una existencia armónica y feliz es muy importante que des cabida a las ideas correctas.

Antes de realizar este ejercicio, medita diez minutos o, al menos, toma diez respiraciones profundas.

Después, crea una visión completa de tu futuro ideal, a tres años vista.

Imagínalo con todo lujo de detalles y esfuérzate por sentirte de la manera en la que te sentirás entonces.

Escribe tu visión en las siguientes páginas y memorízala hasta ser capaz de recitarla sin leer, de tal manera que cale en tu mente inconsciente.

Es aconsejable que la releas con frecuencia, por lo menos hasta que tu realidad se parezca mucho a tu visión:

8
Libera tu potencial

«El desafío y la adversidad te ayudarán a saber quién eres.
Las tormentas tocan tu debilidad, pero también
desbloquean tu verdadera fuerza».

Roy T. Bennet

La mayoría de las personas se conforman con mantener una versión mediocre de sí mismas. Podrían llegar mucho más lejos en la vida, pero tienen el foco puesto fuera y no están dispuestas a invertir el tiempo y el coraje que requiere dirigir la mirada hacia el interior.

Sin embargo, si eres ambiciosa, tendrás claro que no deseas pasar por este mundo de puntillas. Cuando te quieres a ti misma, estás comprometida a sacarle el máximo partido a tu existencia, desarrollando tu potencial a cada paso. Y es que el objetivo último de una mujer consciente no es coronarse de laureles y aplausos... Al final, eso solo es muestra del reconocimiento externo. La verdadera satisfacción se alcanza cuando te conviertes en la mejor persona que podrías ser. No deberíamos conformarnos con menos. Esta vida es una y es preciosa... *¿para qué desperdiciar el tiempo persiguiendo éxitos vacíos cuando la más apasionante aventura es el viaje interior?*

La tarea empieza con esforzarte por ganar una mayor conciencia de ti y prestar atención a tus pensamientos, emociones, patrones de conducta, reacciones impulsivas, etc. En lugar de actuar de manera automatizada, profundiza en tus razones y maneja los mecanismos evitando comportarte como un robot que ha sido programado previamente. Ten presente que el mayor grito de libertad consiste en pararte a respirar 10 segundos y elegir reaccionar de forma distinta cuando estabas a punto de ser manejada por la fuerza irracional de tus pasiones. El poder del autocontrol nos vuelve más autónomas y más conscientes. Y las decisiones que se toman desde ese lugar saben infinitamente mejor.

Pon el foco en tus fortalezas

Estoy de acuerdo en que nadie es perfecto, pero todos tenemos fortalezas. Cualquier ser humano posee unas habilidades especiales que le permitirán alcanzar el mejor desempeño.

Decía Martin Seligman, padre de la psicología positiva, que para lograr una vida plena es importante reconocer cuáles son nuestras principales fortalezas. Simplemente porque hacer lo que se te da bien, te vuelve más feliz.

Durante décadas, nos han intentado convencer de que nuestras debilidades constituyen las auténticas áreas de mejora. Y que si algo se nos da «regular», debemos focalizar toda nuestra energía y esfuerzo en mejorar ese «algo».

Por ejemplo, si cuando eras pequeña llegabas a casa con un aprobado en Matemáticas y un sobresaliente en Música, lo más probable era que tus padres te apuntaran a clases de refuerzo en matemáticas para que pudieras subir la nota. Y bueno, quizás en el siguiente trimestre mejoraste la calificación en «mates», pero si hubieran fomentado tu talento para la música, a lo mejor el mundo habría ganado una nueva Mozart. Nunca lo sabremos… Porque el foco estaba en pulir los defectos en lugar de sacar rendimiento de tus mejores virtudes.

Lo mismo sucede en el mundo de la empresa. Muchas veces nos empeñamos en modelar a las personas para que encajen en determinados puestos, en lugar de realizar una buena selección de cada candidato y permitir que desarrollen al máximo sus principales fortalezas. *¿Qué necesidad tenemos de que alguien con pánico escénico y con tendencia a tartamudear realice las presentaciones de producto delante de cientos de personas? ¿No es mejor elegir para ello a quien disfruta dando rienda suelta a su locuacidad y dejar al tímido dedicarse en cuerpo y alma a aquello en lo que nadie le gana y pone a vibrar su alma?*

Superarse es SER MEJOR, así, con mayúsculas. No empeñarte en hacer un poquito mejor esas cosas que no son tu talento natural. Por supuesto, está muy bien querer batir tus límites. Y a veces descubriremos que lo que nos alejaba de ser buenas en algo no era otra cosa que nuestros propios bloqueos e ideas preconcebidas. Sin embargo, trata de que la obsesión por pulir tus debilidades no te aleje de desarrollar tu potencial con fluidez.

El mejor camino para el éxito es invertir tu esfuerzo en ser excelente en aquello en lo que ya eres realmente buena, o sea, en tus fortalezas. Y ojo, que todos somos buenos en algo. Sin excepción.

Poner interés en mejorar en aquellas actividades para las que tienes un talento natural te sale realmente a cuenta por muchas razones. Primero, porque vas a estar más contenta y en «estado de flujo», lo que te va a compensar a nivel anímico.

Pero es que además, vas a sentir una mayor energía y motivación y te despertarás entusiasmada, deseando ponerte manos a la obra con el proyecto que tienes entre manos.

También es muy probable que te sientas más satisfecha con los resultados, ya que, obviamente, serán mejores y te permitirán destacar y ser reconocida en tu sector. Lo que va a aumentar la confianza que tienes en ti misma y te dará un chute de autoestima brutal que vale oro.

Tener claridad sobre cuáles son tus fortalezas y decidir potenciarlas te llevará a estar más tiempo en tu zona de excelencia o genialidad y conectar con tu propósito vital.

En la apasionante tarea de identificar tus fortalezas, el uso del simbolismo astrológico resulta muy interesante, siempre que entiendas que la carta astral es solo una vía de exploración. También puedes tomar el test de fortalezas de Gallup en su web: *gallup.com/cliftonstrengths/es/* por un precio razonable, o buscar una alternativa similar gratuita en Google. Aunque si eres honesta contigo misma, en el fondo seguro que ya intuyes en qué eres excelente. Huye de la falsa modestia que para lo único que sirve es para aniquilar talentos y frustrar vocaciones creativas.

¿Ignoro mis debilidades?

El hecho de que llevemos la atención a las fortalezas a la hora de desarrollar nuestro potencial no implica que ignoremos por sistema las debilidades.

Si yo aspiro a alcanzar la excelencia, obviamente me centraré en lo que considero que son mis puntos fuertes, pero una mayor conciencia de mis puntos flacos también me ayudará a ampliar el alcance de mi potencial. De hecho, esa es la razón por la que en muchas empresas se practican devoluciones de *feedback* de 360 grados, en las que el empleado recibe las opiniones de todas las personas que trabajan con él, tanto superiores, como iguales y subordinados.

Eso sí, el *feedback* hay que saber tanto darlo como recibirlo. Y siempre tiene que ser constructivo y sumar información valiosa. No se trata de criticar al otro o destrozar su autoestima, sino de ayudarle a crecer y superarse, señalando, sin acritud, las posibles áreas de mejora.

Un *feedback* bien ofrecido es un regalo de autoconocimiento, porque normalmente tenemos puntos ciegos respecto a nuestro propio desempeño y actitudes. La visión de otra persona nos servirá para mirarnos con otros ojos y crecer. Y eso es, en el fondo, lo que todos deseamos.

La importancia de que alguien crea en ti: el efecto Pigmalión

Si quieres triunfar en la vida, vas a tener que rodearte de personas que crean en ti y en tus sueños.

«Ama a quien te mire como si quizá fueras magia», nos decía Frida Khalo. ¡Y cuánta razón tenía! Qué bonito, y necesario es encontrar

a alguien que sea capaz de apreciar el diamante en bruto que escondes en tu interior... Qué importante es hallar a nuestro Pigmalión o Pigmaliones particulares, esas personas que, pase lo que pase, siempre confiarán en nosotras y nos mirarán como si fuéramos el ser más maravilloso que ha poblado la faz del planeta.

La historia de Pigmalión la cuenta Ovidio en su *Metamorfosis*: Pigmalión era el rey de Chipre y estaba totalmente empecinado en casarse con una mujer que fuera perfecta... Sin embargo, a pesar de buscar y buscar tenazmente durante muchísimo tiempo, no encontró ninguna candidata que encajara con un perfil tan exigente. Así que, triste y frustrado, decidió esculpir una estatua capaz de igualar sus ideales. La llamó Galatea.

La escultura de Galatea resultó ser tan increíblemente hermosa que despertó el amor de su creador. Y aunque parezca algo increíble, Pigmalión se coló hasta los huesos por su gran obra maestra... aun a riesgo de que le consideraran un loco. A veces, movido por un fuerte delirio romántico, al tocar la fría piel de mármol de su amada Galatea, el rey juraba poder sentir la tibieza de la carne y el impulso de la vida.

Ante esta situación, la diosa Afrodita, conmovida, decide ayudar a Pigmalión a obtener el amor que tanto anhelaba. Así que al final, gracias a la intermediación de la deidad, Galatea termina cobrando vida y el sueño de Pigmalión acaba materializándose.

La historia de Pigmalión y Galatea nos transmite un mensaje claro: cuando admiras y valoras a alguien de forma positiva, las posibilidades de que esa persona se desarrolle aumentan considerablemente.

Y eso es exactamente el efecto Pigmalión: «la influencia que la opinión de otros tiene en nuestro propio desarrollo».

Por tanto, podemos concluir que resulta imprescindible rodearnos de quienes nos impulsen y crean de verdad en nuestro potencial, de aquellos que nos *«miren como si fuéramos magia»*...

Si así lo hacemos, pronto nos daremos cuenta de que nos es más fácil avanzar y realizarnos en todas las esferas de la vida.

Al efecto Pigmalión también se le denomina «profecía autocumplida», puesto que inconscientemente tratamos de adaptarnos a las expectativas que los demás tienen sobre nosotros. Y ojo, que esto también es así cuando las expectativas son bajas... Si nos desenvolvemos en un entorno donde se nos infravalora y se nos menosprecia por sistema, tendremos propensión a obtener peores resultados. A esto se le conoce como *efecto Golem* y es absolutamente real.

Se sabe que las personas que logran más éxito en la vida comparten algunos atributos. Uno de ellos es el hecho de contar con aliados que les miren con confianza y fe.

Con frecuencia, estos apoyos aparecen en la infancia y los primeros *«fans* incondicionales» suelen ser los padres o, en su defecto, los abuelos o hermanos.

Pero no siempre es así. Hay personas que triunfan y tuvieron unos primeros años muy difíciles en un entorno que no les nutría. Sin embargo, lo habitual es que en algún momento de la existencia apareciese una figura que les impulsó a creer en sí mismos. A veces se trata de un amigo; otras, de un mentor o profesor; a veces una pareja, un jefe, etc. El caso es que para poder desarrollarnos, necesitamos sentirnos reconocidos y valorados. Si esto no sucede, el éxito resultará infinitamente más difícil o directamente imposible.

En el caso de que no sientas aprecio en tu entorno, no desesperes... Lo primero que debes hacer es cuestionarte tu nivel de exigencia y ser más crítica con las personas que admites en tu vida. Y lo segundo, considerar la opción de buscar la ayuda profesional de un *coach* que te ayude a descubrir todo tu potencial y fortalezas, y que sepa valorar sin prejuicios tu capacidad creativa. Si no hay un «Pigmalión» a tu alrededor, búscalo de manera activa.

Te invito a que reflexiones sobre quién ha sabido ver lo mejor de ti en cualquier circunstancia, quién ha creído en tu potencial innato y te ha impulsado en el momento que más lo necesitabas, quién te ha dado alas... Si tienes en tu vida a esa persona, cuídala como si fuese oro, y no olvides que ella te mira como si tú quizás fueras magia.

¿Y si las personas de tu entorno no ven lo mejor de ti?

Entonces, como hemos visto, se produce lo que conocemos como efecto Golem.

Al igual que el efecto Pigmalión, el efecto Golem hace referencia a una «profecía autocumplida». Sin embargo, en este caso, lejos de representar el efecto positivo de la sugestión, nos habla de todo lo contrario: su poder destructivo.

En la mitología judía, Golem era una tosca figura de barro y arcilla que había sido creada para servir y ayudar. De algún modo, su amo sospechaba que Golem se volvería en su contra en el futuro. Y así fue. Repentinamente su comportamiento pasó a ser agresivo y destructor, lo que generó la necesidad de acabar con él.

Al contrario que Galatea, a la que Pigmalión creó con esmero y mimo, al esculpir a Golem no pusieron mucho interés... Prácticamente, se trataba de una amalgama de barro, sin rasgos faciales que le dieran un cariz humano. Su aspecto era monstruoso. Galatea nació del amor, y de hecho fue Afrodita quien insufló en ella el soplo de la vida, en cambio Golem surgió solo de la necesidad de servicio... y además, nunca se esperó demasiado de él.

Lo mismo exactamente sucede con las personas. Cuando alguien cree en ti, floreces al más puro estilo Galatea. Si, en cambio, percibes que el otro tiene tus capacidades y actitudes en baja estima, los resultados que logres pueden ser hasta un 23 por ciento peores.

El efecto Golem ha sido estudiado en los entornos académico y laboral, obteniendo conclusiones sorprendentes (estudios de Rosenthal y Jacobsen de 1968).

Creo que todas lo hemos vivido alguna vez en primera persona, o al menos hemos sido testigos. *¿Recuerdas esas ocasiones en las que parece que un profesor tiene manía a un estudiante y «casualmente» el desempeño de éste comienza a empeorar?* Lo mismo sucede en millones de oficinas. No hay nada peor que tener un mal jefe que no es capaz de ver el potencial de sus empleados. Al final, se trata de un círculo vicioso: cuando esperan poco de ti, te desmotivas, te dejas de esforzar, rindes menos... Y tu superior refuerza la creencia de que tu capacidad o interés es mínimo, pero en el fondo es él quien está provocando tu actitud.

Tanto el efecto Golem como el efecto Pigmalión radican en el inmenso poder de la sugestión. Y aunque en nuestro idioma dicho término suele tener connotaciones negativas que lo vinculan a la manipulación, en realidad la sugestión es algo neutral.

Sugestionar implica dirigir el pensamiento y, por tanto, modificar la actitud. Es una técnica muy empleada en la hipnosis para lograr transformar hábitos, como dejar de fumar, mejorar la alimentación, etc.

Por tanto, ser sugestionable es algo muy positivo si te sirve para reforzar creencias potenciadoras... O para tomarte en serio a quien es capaz de ver el diamante en bruto que alojas en tu interior. Sin embargo, se trata de un atributo negativo si donde llevas el foco es a los problemas, a la negatividad y a la baja estima que otras personas te tienen.

Date cuenta de lo importante que es esforzarnos en ver lo mejor de cada persona y creer en ella. Solo con eso les estamos ayudando a crecer.

Igualmente, es necesario seleccionar bien las compañías que frecuentamos y no conceder más importancia de la que tienen a las opiniones de un tercero. Porque aunque somos permeables a las palabras, sin duda las que tienen más fuerza, las que ejercen mayor poder, siempre serán aquellas que te dices a ti misma.

Práctica

DESARROLLA TU POTENCIAL

Una definición sólida del éxito, tal y como sugiere el empresario y autor americano Steven R. Convey, debe basarse en el SER en lugar de en el HACER. Y es que la realización consiste en desarrollar plenamente tu carácter, no en dominar una habilidad concreta.

De cara a realizar tu potencial de manera alineada, responde a las siguientes preguntas en este orden y crea así una definición de éxito alineada con tu verdad interior:

¿QUÉ TIPO DE PERSONA ASPIRAS A SER?
(Entra en detalle sin miedo)

_____

_____

_____

_____

_____

¿A QUÉ TE GUSTARÍA DEDICARTE?
¿EN QUÉ TE GUSTARÍA EMPLEAR TU TIEMPO?

_____

_____

_____

_____

_____

¿QUÉ BIENES TE GUSTARÍA TENER?

_____

_____

_____

9
La brújula
de tus valores

«Define tus prioridades, conoce tus valores
y cree en tu propósito. Solo entonces
podrás compartirte eficazmente con otros».

Les Brown

Al igual que para llegar a buen puerto necesitamos una brújula o instrumento similar, cuando transitamos nuestra propia vida nos hace falta tener claridad sobre cuáles son los valores que nos guían, si es que queremos arribar a un destino feliz.

Los valores son los principios que rigen el comportamiento y manifiestan nuestra visión sobre lo que es importante para nosotros. Gracias a ellos establecemos una jerarquía sobre qué cosas son prioritarias y qué cosas no lo son. Y por tanto, nos ayudan tanto a organizarnos como a elegir.

Valores y creencias

Hay quien piensa que valores y creencias son lo mismo. Pero se equivoca.

Los valores hacen referencia a un concepto abstracto, como por ejemplo, la honestidad, el éxito, el amor, la amistad, la sencillez, etc.

Las creencias, en cambio, son ideas que tú tomas como verdades absolutas, aunque no hayan sido demostradas, y que se convierten por tanto en «tu verdad» particular.

Por ejemplo, estás poniendo de manifiesto una creencia cuando dices: «Tengo mala suerte en el amor», o «No soy una persona deportista». Posiblemente, «tu suerte» en el amor cambie si aprendes a quererte más y te vuelves más exigente con tus parejas. Que hayas tenido varios desengaños sentimentales no te condena para siempre, sino que te avisa de que tal vez estás replicando un patrón. Por otro lado, la práctica de un deporte requiere la construcción de un hábito. No eres una persona deportista hasta que empiezas a entrenar. Pero puedes dar ese primer paso en cualquier momento...

Una vez hayas identificado tus valores te darás cuenta de que has levantado una serie de creencias en torno a cada valor.

Imagina que tu valor número uno es el AMOR y resulta que, además, tienes las siguientes creencias:

— El amor es ciego.
— Si quieres a alguien, te sacrificas por esa persona.
— El amor exige compromiso.
— Cuando dos personas se aman, tienen que casarse.
— El amor debe ser para toda la vida.
— Si no tengo amor, no puedo ser feliz.

Estos pensamientos reflejan una idea del amor subjetiva, pero no son verdades absolutas. Por tanto, otra persona cuyo valor principal sea también el amor puede tener unas creencias sobre el tema muy distintas a las anteriores. Así que aunque el amor sea muy importante para ambos, la experiencia del amor de cada uno no va a tener nada que ver.

También hemos de tener en cuenta que los valores no son estáticos. Pueden evolucionar con el tiempo, a medida que nosotras también crecemos. Por ejemplo, quizás en mi juventud el valor más importante para mí era la diversión. Y una década más tarde ha pasado a ser la realización. En cualquier caso, los valores son bastante estables y tienden a permanecer con nosotras mucho tiempo. No confíes en quien parece cambiar de valores como de ropa interior.

Tu ruta hacia la felicidad

La mayoría de las veces, cuando nos sentimos infelices, perdidas e incompletas es porque hay algo que nos falta... Y ese «algo», por lo general, son valores que estamos ignorando o a los que no estamos otorgando el espacio necesario en el día a día.

Cuando nos encontramos en una encrucijada y debemos tomar una decisión difícil, es importante asegurarnos de que, al hacerlo, respetamos nuestros valores. Y quizás, en esos instantes de duda, se nos presenta una situación fabulosa para volver a revisarlos.

Imagina que en una multinacional surge una oportunidad laboral buenísima. El puesto supone una promoción y una importante mejora salarial, con jugosos beneficios y mucha proyección. Eso sí, exige viajar el 70 por ciento del tiempo fuera del país, permanecer estancias largas en el extranjero y mostrar gran flexibilidad a los requerimientos de la empresa. Y solo hay dos candidatos, aparentemente de perfil muy similar: A y B.

— A es un aventurero cuyo valor principal es el éxito. También valora la novedad, los retos y los lujos.

— B, en cambio, es un hombre tranquilo cuyo valor principal es la familia. Para él también son importantes la seguridad, la previsión y la amistad.

Cualquiera de los dos está preparado para cubrir las necesidades técnicas y el *know how* del puesto. Sin embargo, está claro a quién le haría feliz la oferta (A) y a quién terminaría amargándole la existencia en caso de aceptar (B), al verse obligado a alejarse de su familia y de sus amigos. Porque no todo es dinero. Y en muchos casos, vamos a encontrar otros valores por encima de la prosperidad económica.

Por tanto, a la hora de tomar decisiones importantes conviene poner nuestra jerarquía de valores sobre la mesa y analizar qué camino nos permite respetarlos y cuál nos obliga a hacer un sacrificio.

Cuando decidimos en alineación con nuestros valores, incluso aunque aparentemente nos equivoquemos, en el fondo sentimos que estamos haciendo lo correcto.

Y si no, piensa en el candidato B... A lo mejor le ofrecen a él el puesto primero y lo rechaza. Esto sorprenderá a muchos, que le tacharían de tonto por dejar pasar una oportunidad irrepetible. Lo que no saben es que en realidad la mejor elección es aquella que te hace feliz. Ni más ni menos. Y eso lo van a determinar tus valores.

¿Cómo encontrar tus valores?

Identificar los valores no siempre es una tarea fácil. La publicidad y los medios de comunicación a menudo intentan convencernos de lo que debe ser importante para nosotros y nos venden una idea de felicidad que en realidad no nos pertenece.

Una buena manera de comenzar a indagar en los valores consiste en hacer un análisis retrospectivo:

Recuerda aquellos momentos en los que fuiste más feliz... ¿Qué hacías?, ¿dónde estabas?, ¿con quiénes pasabas tiempo?, ¿qué planes tenías?

Piensa también en las etapas de tu vida en las que te sentiste más realizada... ¿A qué te dedicabas?, ¿cómo repartías las actividades de tu jornada?

Ahora nombra a una persona a quien admires. ¿Por qué admiras a esa persona?, ¿qué te gusta de ella?

Por último, reflexiona sobre qué te mueve a tomar acción. Cuando te decides a avanzar en algo, ¿qué es lo que te impulsa?

Espero que todas estas preguntas siembren en ti una semillita de conciencia y te ayuden a identificar los valores que aportan más a tu satisfacción personal.

ABORDAJE ASTROLÓGICO DE LOS VALORES

Es posible asociar cada arquetipo zodiacal con unos valores concretos que seguro te pueden servir como punto de partida para explorar tus propios valores. Por ejemplo:

♈ **ARIES** tiene que ver con el liderazgo, la iniciativa, el éxito y la competitividad.

♉ **TAURO** nos remite a la abundancia, la prosperidad, la calma y la practicidad.

♊ **GÉMINIS** se relaciona con la comunicación, el aprendizaje, la curiosidad y el entretenimiento.

♋ **CÁNCER** lo asociamos a la familia, el autocuidado, la privacidad y la nutrición.

♌ **LEO** es un arquetipo que habla de valores como creatividad, reconocimiento, popularidad y fama.

♍ **VIRGO** en cambio se relaciona con la maestría, la humildad, el orden y la puntualidad.

♎ **LIBRA** tiene mucho que ver con la armonía, la belleza, el amor y la buena educación.

♏ **ESCORPIO** nos habla de poder, autocontrol, intimidad y sexualidad.

♐ **SAGITARIO** expresa valores como la aventura, la positividad, el entusiasmo y el conocimiento.

♑ **CAPRICORNIO** es el arquetipo que se refiere al valor del esfuerzo, el trabajo duro, la resiliencia y la autoridad.

♒ **ACUARIO**, por otro lado, manifiesta novedad, apertura mental, tecnología y libertad.

♓ **PISCIS** se refiere al amor incondicional, la compasión, el perdón y la vida espiritual.

Puedes consultar tu carta astral y ver los valores asociados con los arquetipos más importantes en ella. Por ejemplo, el signo solar, el lunar y el ascendente.

Toma el listado como una referencia para empezar a explorar en tu interior, pero en ningún caso limites tus valores a los asociados a tu Sol o incluso a la serie completa de propuestas que se presenta en el ejercicio, ya que hay tantos valores diferentes como personas. Recuerda: la información que buscas está en tu interior. La astrología es solo una vía para salir a su encuentro.

Práctica

REVISA TUS VALORES

Construimos nuestro primer sistema de valores en la etapa que va hasta los cinco años de vida y lo hacemos adoptando los valores de nuestros padres. Toma conciencia de esos valores que formaron tu primer pilar respondiendo a estas preguntas:

¿QUÉ VALORES ERAN IMPORTANTES PARA TU MADRE?

¿Y PARA TU PADRE?

¿QUÉ VALORES SUSTENTABAN A LA FAMILIA DURANTE TU INFANCIA?

¿CON CUÁLES TE HAS QUEDADO?

....

....

....

....

¿HAY ALGUNO QUE YA NO TE SIRVA Y HAYAS DEJADO O QUIERAS DEJAR ATRÁS?

....

....

....

....

Durante la adolescencia tratamos de encontrar una identidad propia, separada de nuestra familia. En esta etapa es común buscar nuevos valores que rompan con los de nuestros padres y en algunas ocasiones podemos caer en comportamientos disruptivos o incluso destructivos, pero si mantenemos el equilibrio y la cordura, saldremos del rito de paso fortalecidas.

Vuelve ahora la vista a tu adolescencia y contesta a las siguientes preguntas:

¿QUÉ ERA IMPORTANTE PARA TU YO ADOLESCENTE?

....

....

....

....

¿QUÉ VALORES REGÍAN TU VIDA EN AQUELLA ETAPA?

....

....

¿ALGUNO DE ELLOS SIGUE SIENDO IMPORTANTE EN TU VIDA ACTUAL?

Ahora reflexiona sobre tu vida presente y lista a continuación los valores que rigen tu comportamiento.

Si tienes dudas entre dos valores a la hora de crear una jerarquía, pregúntate: «¿Podría vivir con (valor 1) pero sin (valor 2)? ¿Y a la inversa?». Y reflexiona a ver qué opción te parece menos terrible.

Por ejemplo, imagina que dudas entre los valores «prosperidad» y «libertad». ¿Qué sería más fácil para ti? ¿Vivir con prosperidad pero sin libertad? ¿O con libertad pero sin prosperidad? El valor que priorices ponlo en un lugar superior.

1.

2.

3.

4.

5.

10
Alinéate con tu propósito

«Lo más importante en la vida no es tanto
el lugar en el que nos encontramos,
sino la dirección que tomamos».

Johann Wolfgang von Goethe

El propósito de tu vida es otorgarle un sentido. Y que no te engañen: ese sentido no es algo que encuentres buscando debajo de las piedras, sino que tu responsabilidad es crearlo. En tus acciones y en el camino que eliges recorrer encontrarás la vía para dotar de un mayor significado a tu existencia.

Se trata de algo que ha preocupado a las personas desde tiempos remotos. Preguntas como «¿quiénes somos?», «¿de dónde venimos?» y «¿a dónde vamos?» no son nuevas, sino que nos han acompañado siempre, tal vez porque forman parte sustancial del desarrollo de la conciencia humana. De estas tres cuestiones universales, es precisamente aquella que apela a la identidad («¿quién soy?») la que más nos conecta con el propósito. Y es que cuando realmente descubras quién eres, habrás encontrado tu contribución y te relacionarás con el mundo desde una posición que te permita aportar aquello que te hace única.

El planteamiento es en realidad sencillo. Lo complicado es encontrar una respuesta satisfactoria ante el: «¿Quién soy yo?».

Si buscamos en distintos rincones de nuestro planeta podemos encontrar conceptos en muchas culturas que nos vinculan con la idea de un propósito.

Por ejemplo, la palabra *maktub* es un término árabe que se traduce como *«estaba escrito»*, y nos habla de destino, pero también de oportunidad. Porque al final, el destino se construye aprovechando las ocasiones que la vida nos presenta y moviéndonos para que las cosas sucedan.

Al igual que está escrito en su naturaleza esencial que la flor del cerezo acabe transformándose en una deliciosa fruta, hay un potencial escondido en tu interior esperando a que te atrevas a materializarlo.

En Grecia encontramos el término *meraki* que deriva de la palabra turca *merak* (afición, hobby, pasatiempo). Este término hace referencia a la creatividad, el amor y el cariño que le pones a aquello que haces. Se suele utilizar cuando hablamos de trabajos creativos, pero no únicamente. Puede haber mucho *meraki* en alguien que cuida sus plantas con mimo, prepara el desayuno poniéndole mucho amor o elige su atuendo para una cita con sensibilidad, por ejemplo.

Cuando pones *meraki* en algo, dejas un trocito de ti en tu obra, imprimes en ella un poquito de tu esencia. Por eso, la existencia de *meraki* tiene mucho que ver con las cosas que nos apasionan y aquello que se convierte en nuestro propósito. Al empezar a trabajar en aquello para lo que estás «llamada», todo comienza a fluir, y con total naturalidad expresas tu verdadera naturaleza a cada paso. La creatividad nace de lo más recóndito de tu alma y permite que esta última se manifieste con absoluta libertad. Y es que la inspiración deja de ser una búsqueda de referentes externos y se convierte en una conexión profunda y directa con tu verdad interior. *Meraki* nos ayuda a acercarnos a la genialidad, o sea, a la famosa zona del genio de la que habla Gay Hendricks en su obra *The big leap*, pero en el caso de no conseguirlo, al menos disfrutaremos y aprenderemos durante el camino, porque en el empeño, volveremos a comunicarnos con nuestra niña interior. Y de eso se trata, de encontrar los anhelos más profundos del propio corazón, aquello que, por naturaleza, disfrutamos haciendo.

Meraki también es una actitud hacia la vida. Uno puede no ser el mejor chef del mundo, pero ponerle tanto amor y cariño a la hora de preparar la cena a la que ha invitado a sus amigos, que estos queden gratamente sorprendidos con el cuidado con el que se han elaborado los platos y la atención y el detalle que se ha manifestado en la presentación. Quizás no tengas aptitudes especiales para la pintura, pero seas capaz de plasmar toda la belleza y personalidad de tu madre en el retrato que con todo el afecto del mundo has querido regalarle...

Vivir con *meraki* es vivir con pasión, ilusión y ganas, tratando de lograr que cada pequeño momento se convierta en un instante inolvidable. Vivir con *meraki* es un antídoto contra la depresión, la melancolía y la rutina. Vivir con *meraki*, muchas veces, es la respuesta que buscábamos.

No podemos dejar de lado, en nuestra vuelta al mundo particular a la búsqueda del propósito, el concepto japonés de *ikigai*, que literalmente traducimos como «razón para existir», o sea, aquello que te motiva a levantarte por la mañana y le da sentido a tu vida.

El psicólogo japonés Michiko Kumano ha explicado que *ikigai* describe un estado de bienestar que llega como consecuencia de dedicar el tiempo a las actividades que disfrutamos intensamente y que más satisfacción nos brindan. O sea, que el *ikigai* está directamente vinculado con la realización.

Existe un diagrama de Venn, creado por el *coach* y autor americano Marc Winn, donde se ofrece una fórmula fácil para encontrar el propósito de vida. Dicho diagrama muchas veces se ha asociado al *ikigai* porque nos ayuda a entenderlo.

Según el diagrama que propone Winn, tu propósito debe combinar:

— Tu **pasión** (lo que amas)
— Tu **talento** (lo que se te da bien)
— Tu **contribución** (lo que aportas)
— La **demanda** (lo que otros pagarían por obtener)

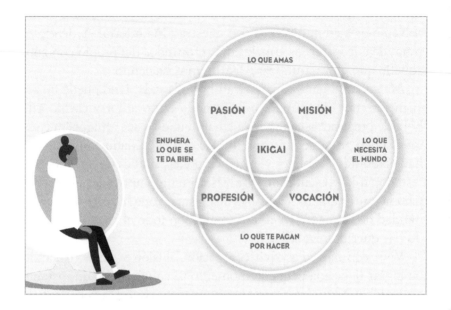

Aunque me gusta el diagrama que creó Winn, a nivel personal y cuando trabajo clientes suelo abordar el propósito con tres variables principales:

— **PASIÓN**
— **TALENTO**
— **CONTRIBUCIÓN**

Creo que esos tres ingredientes son más que suficientes para identificar tu llamada. La demanda es importante, claro está. Pero si estás contribuyendo y tu aporte es valioso, va a haber demanda sí o sí. Cuando sumas desde el corazón, el viento termina soplando a tu favor. Además de que muchas personas encuentran su *ikigai* o propósito en acciones altruistas o de ocio que no tienen nada que ver con su forma de ganarse la vida. Lo importante es la felicidad que te brinda, no los ingresos que generas.

Otras preguntas interesantes que puedes añadir como aporte extra para concretar mejor tu definición del propósito son: «¿Qué es lo que trae felicidad a mi corazón?», «¿en qué tengo formación?», y «¿qué habilidades he adquirido a lo largo de mi vida?».

El psicoanalista suizo Carl Gustav Jung desarrolló la idea de un proceso de individuación que resulta clave si queremos realizarnos.

En español, el verbo realizar en su cuarta acepción se refiere a «sentirse satisfecho por haber logrado cumplir aquello a lo que se aspiraba». ¿Y a qué podemos aspirar en última instancia? Pues a ser nosotras mismas y vivir una vida plena.

Si tomamos la palabra *realization* del inglés, vemos que hace referencia al «momento en el que empezamos a comprender una situación».

Por tanto, podemos inferir que alguien se ha realizado cuando ha encontrado su propósito y ha comprendido el sentido de su existencia.

En parte, esto tiene una relación muy estrecha con el proceso de individuación junguiano, que nos habla de ser quienes hemos venido a ser, deshaciéndonos de las falsas creencias y condicionantes externos.

Generalmente, este estado está a nuestro alcance en la segunda mitad de la vida.

El proceso se divide en tres etapas: materna, paterna y de integración.

— En la **etapa materna** el individuo aún depende en gran medida de su familia para sobrevivir y tener sustento. Obviamente, durante los años de la infancia y la adolescencia nos encontramos en la etapa materna.

— En la **etapa paterna** ya hay una conexión con el arquetipo del héroe o la heroína y la persona ha adquirido un alto grado de independencia y es capaz de valerse por sí misma. Esto implica que ha dejado el hogar paterno, tiene un trabajo, paga sus facturas y es completamente autosuficiente. Hay individuos que dan este paso en la veintena, otros en la treintena, y otros que parecen no querer darlo nunca... Pero aunque hayamos conquistado la etapa paterna, el proceso de individuación no está completo, ya que en dicha fase no se produce una conexión con lo espiritual.

— Esta llega en la **etapa de integración**, cuando el individuo comienza a cuestionarse, a hacerse preguntas y a buscar un significado profundo para su existencia. En este momento, contenidos del inconsciente afloran a la conciencia y se integran las luces y las sombras, lo femenino y lo masculino... La meta es llegar a ser más completas y así más libres, acercarnos a la totalidad. Porque como dijo el propio Jung «Hasta que lo inconsciente no se haga consciente, seguirá dirigiendo tu vida y tú lo llamarás destino» (¿te suena?). Bien, pues el verdadero poder de la astrología es que su lenguaje simbólico te ayuda a hacer consciente lo inconsciente. Punto. Que no te mareen con otros argumentos rebuscados.

Que tu motor sea el propósito

El autor motivacional británico Simon Sinek explica en su libro *Start with Why* que lo importante no es lo que haces, sino por qué lo haces.

Este concepto revoluciona la comunicación empresarial y explica el éxito de las compañías que son capaces de transmitir su propósito con claridad. Porque, al final, la autenticidad vende y la coherencia convence. Para confiar en alguien necesitamos sentir que es tal y como se muestra.

Y el «porqué» sustenta la razón intrínseca que nos mueve a actuar. Por tanto, es una de las preguntas más poderosas que se pueden utilizar en un proceso de *coaching*.

Sin embargo, ten en cuenta que en el entorno hispanohablante a veces se prefiere utilizar la pregunta «para qué» en lugar de «por qué», al considerar esta última demasiado agresivo y directo. Personalmente, vinculo el «porqué» al propósito y el «para qué» a la utilidad, y creo que el tono en el que se formule la cuestión es el que va a matizar si la pregunta resulta demasiado agresiva o no, pero es posible que encuentres a otros autores traducir WHY por «para qué» para suavizarlo .

En su teoría del Círculo Dorado, Sinek explica cómo las marcas pueden expresar su propuesta de valor de una manera efectiva y que llegue al corazón de los clientes,. Se trata de una teoría que resulta perfectamente extrapolable a la marca personal del pequeño emprendedor.

Según sus argumentos, primero debemos transmitir nuestro «porqué» (o sea, nuestro propósito, lo que nos motiva a existir), después nuestro «cómo» (la manera en la que hacemos las cosas, los valores que nos rigen), y por último nuestro qué (lo que hacemos). Si el mensaje sigue otro orden va a resultar mucho menos convincente.

Esto se debe a que el «porqué» y el «cómo» conectan con el sistema límbico, la parte del cerebro que regula las emociones, el aprendizaje y la memoria; mientras que el «qué» apela al neocórtex, que se encarga de la parte cognitiva y sensorial y responde a motivos más racionales.

Para el experto en *marketing* Barry Feig, todas nuestras decisiones de compra responden a un motivo emocional, aunque después busquemos argumentos racionales que nos ayuden a justificarlas. Visto así, resulta evidente, porque empezar con el «porqué» garantiza una comunicación potente y eficaz.

¿Y tú? ¿Alguna vez te has parado a pensar cuál es el porqué que sustenta a tus marcas *favoritas? Y si tienes una marca personal… ¿tienes claro cuál es el «porqué» que da sentido a tu proyecto?*

Práctica

GANA CLARIDAD SOBRE TU PROPÓSITO

Vivir una vida con propósito implica actuar con intención y tener claridad sobre tus metas.

Y posiblemente la última meta sea vivir una existencia que sientas que merece la pena, desarrollar tu potencial y contribuir al mundo con algo que te hace feliz y hace felices a los que te rodean.

Para ganar claridad sobre la forma de alinearte con tu propósito de vida, realiza una meditación de al menos cinco minutos (para abrirte a la información que pueda emerger de tu inconsciente) y, después, contesta a las siguientes preguntas:

¿QUÉ HE DESEADO SIEMPRE Y DE MOMENTO NO HE TENIDO?

¿DE QUÉ TIPO DE PERSONAS ME GUSTA RODEARME?

¿QUÉ ES LO QUE MÁS ME INTERESA EN EL MUNDO?

¿QUÉ ES LO QUE MÁS ME MOTIVA HACER?

¿POR QUÉ ESTOY VIVIENDO ESTA EXISTENCIA, EN ESTE LUGAR DEL MUNDO Y EN ESTE MOMENTO HISTÓRICO?

11
Relaciones conscientes

«El encuentro de dos personas es como el contacto
de dos sustancias químicas: si hay alguna reacción,
ambas se transforman».

Carl Gustav Jung

Una pincelada sobre la astrología y el amor

Desde el punto de vista astrológico podemos relacionar las cartas de dos personas utilizando una técnica que llamamos sinastría, en la que comparamos la posición de los planetas de A en la
carta de B y viceversa, y cómo los planetas de A y B interactúan.
Normalmente la sinastría se calcula con el objetivo de determinar
si los miembros de una pareja son «compatibles» o no. Sin embargo, no podemos pasar por alto la existencia del libre albedrío y de
la voluntad del ser humano. Esa es la razón de que relaciones que
a priori parecen fáciles y armónicas, cuando las vemos reflejadas
en una sinastría no terminan de despegar, mientras que otras historias de amor que inicialmente son más retadoras o complicadas
perduran en el tiempo sin dramas.

Si queremos simplificar, tendremos en cuenta que por los rasgos
de carácter que manifiesta cada arquetipo, los hay que son compatibles con otros y a la inversa. Por ejemplo, aire y fuego son
compatibles.

△ **FUEGO:** ♈ Aries, ♌ Leo y ♐ Sagitario
♒ **AIRE:** ♊ Géminis, ♎ Libra y ♒ Acuario

O sea, que los signos de aire se entienden bien con los que también son aire y con los de fuego. Mientras que los signos de fuego armonizan con los de su elemento y con los de aire.

Igualmente, los signos de tierra y los de agua también son compatibles.

▽ **TIERRA:** ♈ Tauro, ♍ Virgo y ♑ Capricornio
▽ **AGUA:** ♋ Cáncer, ♏ Escorpio y ♓ Piscis

Los de tierra se llevan bien con los de su mismo elemento y con los de agua. Mientras que los de agua comprenden bien a los que también son de agua o a los de tierra.

Sin embargo, no podemos perder de vista que las personas no somos meros arquetipos y que en cualquier carta astral hay diez planetas y doce signos, por lo que si el análisis de un horóscopo individual resulta complicado, el de una sinastría duplica esa complejidad. Hay que valorar el contexto de cada persona, sus necesidades no resueltas, su estilo de apego, su grado de dependencia, sus expectativas, su idea de compromiso, su visión del amor… y un sinfín de factores que definen el contexto y que nos ayudarán a abordar el trabajo de *coaching*, terapia o consultoría de parejas.

Sí, también podemos consultar la relación entre Luna y Sol en la sinastría. O analizar los aspectos entre Marte y Venus, los aspectos de Júpiter de uno a los planetas de otro… Todo eso puede resultar muy útil y servirnos como punto de partida para indagar. Pero, sin duda, el mejor diagnóstico para evaluar el estado de una relación consiste en la autocrítica. Mirar hacia dentro y sincerarse con una misma es la mejor manera de clarificar si hay una correspondencia entre lo que tenemos y lo que aspiramos a tener en una relación. De nuevo, el abordaje simbólico nos va a servir como apoyo al crecimiento y como vía para la creación de conciencia, pero en ningún caso podrá sustituir el trabajo personal individual y en pareja.

La sinastría y otras técnicas similares no deberían utilizarse para determinar la viabilidad de una relación, como si el análisis de un tercero tuviera todas las respuestas a lo que pasa entre otras dos personas que probablemente ni conoce. Un enfoque respetuoso implica escuchar, más allá del símbolo, y dejar que cada miembro de la pareja verbalice su vivencia de la relación y los deseos que tiene para el futuro. Los símbolos quedan entonces como un recurso para guiar el proceso, no como un condicionante del que no hay escapatoria.

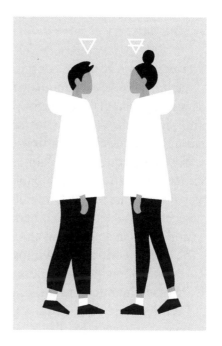

Sobre las relaciones conscientes

Una pareja feliz no surge porque la sinastría (comparativa de las cartas natales de los enamorados) sea perfecta, sino que es el resultado de una relación consciente.

¿Y qué es una relación consciente?, podemos preguntarnos... Pues se trata de una historia de amor en la que ambos integrantes de la pareja tienen claro que su propósito común es crecer, tanto de manera individual como juntos.

Pero no es lo habitual. Lo más frecuente es embarcarnos en una relación de pareja con la esperanza de que el otro resuelva nuestras necesidades y supla todas nuestras carencias. Proyectamos en el objeto de deseo el arquetipo del rescatador y esperamos que el príncipe azul o la princesa soñada aparezcan para hacer nuestra vida más completa y feliz, sin darnos cuenta de que, en realidad, esa misión nos pertenece.

Para crear una relación consciente debemos tener esto muy claro: cuando nos involucramos con una pareja tendemos a replicar los mismos sistemas de apego que construimos en la infancia. Por tanto, los primeros siete años de vida resultan vitales y condicionan nuestras relaciones futuras de manera inevitable.

Si el apego que desarrollamos con la figura del cuidador (generalmente la madre) fue saludable y nos sentíamos cuidadas, seguras y protegidas, pero a la vez libres y con capacidad para explorar y crecer, probablemente comencemos la relación con esa misma actitud y con la autoestima alta.

Si, por el contrario, tuvimos una dependencia excesiva o nos sentimos vulnerables y abandonadas, cada historia de amor reactivará esas dinámicas infantiles.

La niña herida que fuimos sigue habitando en algún recóndito lugar de nuestro interior. Y, en ocasiones, reaparece desencadenando comportamientos irracionales, victimistas y dependientes.

De igual forma, también hay hombres y mujeres que conectan con la figura arquetípica del *puer aeternus* o *puella aeterna*. Estas personas se sintieron tan cómodas con la actitud despreocupada de la infancia que lo que no quieren es crecer y asumir responsabilidades, por lo que manifiestan una marcada tendencia a evitar el compromiso y sabotear sus relaciones de pareja.

De hecho, el *puer aeternus* es un arquetipo muy visible en infinidad de hombres inmaduros: ese tipo divertido y encantador que desaparece como por arte de magia en cuanto la cosa se empieza a poner seria, y a quien la idea de hipotecas, hijos y familia política provoca auténtico repelús.

Pero la esperanza no está perdida, porque aunque exista una tendencia a caer en determinados patrones de pensamiento y conducta que adquirimos en la infancia, siempre podemos elegir actuar desde un lugar diferente, y trabajar nuestra manera de comportarnos en una relación. Al contrario que los arquetipos, las personas tenemos potencial para aprender, cambiar y evolucionar. No debemos resignarnos y conformarnos con la que hay, porque siempre queda hueco para la esperanza. La posibilidad de desaprender una dinámica tóxica es real y está a nuestro alcance.

Cómo construir una relación consciente

Una relación consciente se caracteriza porque los dos miembros de la pareja asumen responsabilidad de lo que sucede en su vida y no esperan que el otro les salve de los problemas, el dolor y la desilusión. Las expectativas en cuanto a la relación son realistas y se evita idealizar la historia de amor, imaginando que es un cuento de hadas o una comedia romántica.

Además, estas parejas son honestas en cuanto a sus fallos e identifican fácilmente su talón de Aquiles. Cada uno sabe en qué puede mejorar y qué asuntos no resueltos tiene aún pendientes. No hay puntos ciegos, sino que existe claridad sobre los obstáculos a afrontar, y no se crea un drama alrededor de ello. Más bien sucede todo lo contrario: se abordan los problemas sin miedo y con madurez.

La presencia y el tiempo de calidad juntos es importante para este tipo de parejas, por lo que se esfuerzan por planificar actividades en común y reservan hueco en sus agendas para ello. Son personas que trabajan en cultivar una comunicación sincera y fluida, en la que ambos se sientan seguros y libres para expresar los sentimientos y donde la agresividad verbal y las palabras hirientes en momentos de enfado quedan fuera. Sin embargo, estas relaciones también procuran mantener sus intereses individuales y cuidar sus amistades. No focalizan su energía y su atención únicamente en el ser amado, sino que entienden y aceptan que aparte de ser un equipo en la vida, también son entes separados con inquietudes propias.

Además, los miembros de una relación consciente ponen el foco en lo positivo y no son derrotistas. Han eliminado la expectativa de estar todo el tiempo en una nube y saben que cualquier relación tiene altibajos, pero trabajan juntos para superarlos y crecer, afrontando las emociones negativas con entereza y haciendo gala de una mentalidad de crecimiento, por la que aprenden y rectifican con cada fallo y traspié. Para ellos, el amor no es el destino, sino el camino.

Al final, la pareja consciente ha entendido que la dinámica víctima-rescatador no les interesa, así que buscan un héroe o heroína afín que pueda acompañarles libremente en el camino hacia la grandeza. Ambos valoran la suma de sus energías y saben que avanzan juntos desde un lugar de igualdad.

En eso consiste una relación consciente si la analizamos desde el punto de vista arquetípico: dos buscadores que caminan juntos responsabilizándose de su propia felicidad.

¿Y tú?, ¿qué buscas en una relación de pareja? Si nunca te lo has planteado, quizá este sea el momento ideal para hacerlo…

Práctica

MEJORA TU RELACIÓN DE PAREJA

Realiza el siguiente ejercicio para mejorar tu relación de pareja y alinearla más con tu idea (y la de tu pareja) de una relación satisfactoria:

✔ **MEDITA 10 MINUTOS**

✔ **VISUALIZA CÓMO SERÍA TU RELACIÓN DE PAREJA IDEAL**

✔ **ESCRIBE LO QUE HAS VISUALIZADO COMO SI YA EXISTIERA**

✔ **PIDE A TU PAREJA QUE HAGA LO MISMO**

✔ **INTERCAMBIAD VUESTRAS VISIONES Y LLEGAD A UNA VISIÓN DE OBJETIVO PARA LA RELACIÓN EN COMÚN**

✔ **REDACTAD VUESTRA VISIÓN COMÚN DE OBJETIVO DE RELACIÓN Y MEMORIZADLA**

✔ **ACORDAD UNA ACCIÓN MENSUAL PARA LLEVAR A CABO QUE OS ACERQUE A VUESTRO OBJETIVO DE RELACIÓN.**

Epílogo

Cómo usar la astrología para construir tu destino

Estamos llegando al final de nuestro viaje juntas y a estas alturas tengo la certeza de que tu visión de la astrología se habrá transformado para siempre. O de que, por lo menos, estarás cuestionando los preconceptos que tenías antes.

Ahora sabes que el universo, en un nivel simbólico, es tan solo una metáfora de tus procesos mentales, una alegoría de la manera que tienes de ver el mundo y de contemplarte a ti misma. Y eso no puede dejarte indiferente, porque traslada el poder que antes proyectabas en fuerzas externas, a tu propio interior.

No son los dioses ni los planetas los que gobiernan tu vida, sino las creencias inconscientes que no eres capaz de cuestionar. Dioses y planetas, como figuras arquetípicas, en realidad lo que representan es una puerta de acceso a tu mente inconsciente, una vía para entenderte y transformar tus patrones mentales de tal manera que, al final, sea tu futuro lo que estés cambiando.

Resulta absurdo mirar al cielo en busca de respuestas si no estamos listas para iniciar un proceso de autoindagación y asumir el liderazgo en cada etapa. Por eso es tan importante reconsiderar la manera en la que formulas las preguntas. Recuerda que eres tú quien tiene todas las respuestas y no busques fuera lo que siempre ha estado en tu interior.

Porque son tus decisiones, querida mía, las que en última instancia construyen tu destino. Son tus pasos los que te mueven. Cada tropiezo, cada error, cada caída... constituyen solo piedras en el camino que te servirán de materia prima para construir tu imperio. Ese reino donde reside tu grandeza interior y donde solo tú eres la dueña y señora. Un territorio irreductible, el refugio de la verdad más cercana a tu esencia.

En última instancia, eres tú quien decide el papel que desempeñas en la construcción de tu destino. Hay quien está convencido de que existen personas con más poder que otras para ejercer su libre albedrío. Y que, por lo tanto, algunos terminan consiguiendo casi todos sus objetivos gracias a la fuerza de voluntad, mientras que otros quedan a merced de los hados o de las fuerzas planetarias.

¿Concuerdo con esta visión?, ¿tiene sentido para mí? En parte sí. Pero no creo que esto dependa de haber nacido o no con estrella. Más bien tiene que ver con aquello que hayamos elegido creer, y si nos posicionamos como víctimas o preferimos representar el rol de heroínas.

Pero ojo, que la elección que hagamos no es estática e inamovible. Hay quien después de vivir durante años maldiciendo su desgracia, sin mover ni un dedo para cambiar las cosas (víctima), un día despierta y dice basta, asiendo las riendas de su vida y alejándose de aquello que le hacía desgraciada (heroína).

Y otras veces, en las que parecía que teníamos el control y avanzábamos a buen ritmo (heroína), resulta que llega una circunstancia difícil o un reto acongojante y nos hace sentir atascadas e inmóviles, devolviéndonos al papel de víctimas que creíamos haber dejado atrás.

En caso de que estés convencida de que tu destino está en tus manos, ¡enhorabuena, querida! Porque así será.

Si, por el contrario, solo te quejas de lo que acontece y no haces nada para cambiar tus circunstancias, no dejarás de ser un títere en manos del destino. Recuerda: «tanto si crees que puedes, como si crees que no puedes, estás en lo cierto». Y «tanto si crees que tu destino depende de ti, como si piensas que son los planetas los que lo orquestan», también.

Una astrología para el empoderamiento exige que nos auto-cuestionemos constantemente, preguntándonos si estamos actuando como víctimas o como heroínas a cada tramo del camino.

Y para lograrlo es importante que no dudemos de nosotras mismas. Ya que cuando una asiste a la consulta de un profesional experto en astrología, proyecta en esa persona su poder y su sabiduría interior, otorgándole sin reservas una autoridad que, muchas veces, es cuestionable.

De golpe y porrazo, ese consultor que no has visto antes en tu vida y que apenas sabe nada de ti, va a emitir juicios de valor sobre tu persona y va a aconsejarte con una seguridad apabullante sobre asuntos delicados, como por ejemplo, tus relaciones sentimentales, tu vida profesional y tu bienestar. Es posible que él, o ella, lleve a sus espaldas cuatro divorcios, una frustrada carrera artística y tenga unos hábitos nefastos. Pero muchos van a considerar a estas personas semidioses, porque resulta que hablan el lenguaje de las estrellas y saben mejor que tú lo que sucede en tu vida y lo que es mejor para ti. El mero término «astrólogo» proyecta en ellos un aura de poder de la que es difícil sustraerse.

Por supuesto, esto es una falacia. Sus interpretaciones no son objetivas, sino que están teñidas del color de las gafas con las que contemplan el mundo... O sea, van a juzgar y te van aconsejar en torno a sus propias creencias y mapa mental. Por tanto, no esperes a que ese astrólogo que mantiene su consulta en paralelo a un trabajo secreto como repartidor de pizzas, te anime a emprender el proyecto personal que llevas entre manos y que tanto te ilusiona. ¡Porque él nunca lo ha hecho! En su mundo es una utopía el poder vivir de lo que amas. Así que tirará tus sueños por tierra, utilizando cualquier símbolo para justificar sus prejuicios. Y tú saldrás de esa consulta llorando y con el germen de la duda y la inseguridad sembrado en tu interior. El daño ya estará infligido, y te costará tiempo y esfuerzo repararlo. Por tanto, nunca olvides que sus juicios no hablan de ti, sino que son una proyección de su propio mundo interior. Y si es posible, evita ponerte en manos de desaprensivos y confía más en tu propio criterio.

Lo comparto porque lo he visto decenas de veces… Mujeres que vinieron a verme desesperadas, buscando una «segunda opinión» porque algún desalmado les había diagnosticado que «nunca encontrarán el amor verdadero», que «jamás serán madres», que «no tienen madera de emprendedoras» o que «no han nacido para brillar». Estos juicios no son inocuos, sino que potencian la autosugestión y favorecen un desenlace insatisfactorio. Aunque nos resistamos a creerlo, siempre nos queda la duda. Y esa semillita de miedo en nuestra mente se convierte en algo con gran potencial destructor, no porque los planetas hayan propiciado el cumplimiento de un futuro indeseado, sino porque tú misma has terminado creyéndolo.

El poder de la sugestión es inmenso, pero funciona en dos direcciones: es genial cuando consigues convencerte de que puedes lograrlo y de que un montón de cosas buenas sucederán en tu vida. Y lo es porque, al creerlo, terminas promoviéndolo y materializándolo casi sin darte cuenta. Pero resulta nefasto cuando te convences de que no tienes escapatoria. ¡Ya que así es! Tus pensamientos crean realidades. Y el universo es mental… Por eso en mis programas para profesionales incido mucho en la gran responsabilidad que conlleva el hecho de acompañar a alguien que ha depositado su confianza en ti. Y de cómo, al hacerlo, debemos asumir el papel de Pigmalión, evitando los juicios absolutos, sabiendo ver lo mejor de cada persona y sembrando autoestima y confianza en su interior, en lugar de promover el efecto Golem y machacar sus ilusiones contra el suelo. Se trata de una pura cuestión de ética y de integridad moral.

A continuación, te voy a ofrecer un paso a paso que puedes seguir fácilmente para asegurarte de que empleas la astrología de forma empoderadora, sirviéndote de ella para construir el destino con el que siempre has soñado:

— Cuestiona las preguntas que te haces al acercarte a tu carta natal. Trata de que prevalezcan interrogantes de indagación tales como: ¿Qué me dice esto sobre mí misma?, ¿qué me *clarifica sobre mi potencial?*, ¿qué refleja este símbolo *teniendo en cuenta mi contexto?*, ¿*de qué me sirve esta información para tomar mejores decisiones?* Y evita cuestiones desempoderadoras por sistema del tipo: ¿Cómo soy?, ¿cuál es mi destino?, ¿qué me va a pasar?

— Si eliges un camino autodidacta de autoconocimiento a través de la astrología, cuestiona cada interpretación que leas y consulta varias fuentes para poder tener una visión más amplia. No tomes nada como verdad absoluta porque una interpretación es, por norma, subjetiva. Además, lee todo lo que puedas sobre mitología grecolatina, ya que es la base del lenguaje astrológico y te ayudará a confiar en tu propio criterio.

— Si vas a buscar guía, asegúrate de que eliges al profesional adecuado y de que su visión filosófica de la vida y del destino es similar a la tuya. Pide referencias e indaga sobre cuál es su preparación y su enfoque. Siempre que sea posible, prioriza profesionales con un *background* en psicología, *coaching* o terapia. O que se hayan formado en astrología para el empoderamiento. Escríbeles un email preguntando cómo será la sesión y decide con criterio y bien informada. Aun así, protege tu mente y recuerda que si esa persona emite juicios negativos sobre ti, solo está proyectando sus creencias limitantes.

— Trata de no leer horóscopos y predicciones generalizadas o hazlo con escepticismo. Ese tipo de publicaciones nacieron como contenidos de interés para incluir en las revistas femeninas y su único fin es el entretenimiento. Invierte tu tiempo en aprender más sobre mentalidad, hábitos y autoestima y estarás apostando claramente por la creación de tu destino, en lugar de simplemente pasar el rato.

— Evita la sobreidentificación con un arquetipo. Recuerda que en cualquier carta astral están los doce signos reflejados y que, desde una perspectiva junguiana, nuestra realización pasa por la integración de la totalidad de la psique, lo consciente y lo inconsciente. En la medida en la que te etiquetes, te estás limitando. No abordes el autoconocimiento únicamente desde el interrogante del «¿quién soy?», mejor atrévete a descubrir «quién puedes llegar a ser», y pregúntate qué lección tienen para ti cada uno de los doce arquetipos zodiacales.

La astrología es la herramienta de autoconocimiento más potente y completa que existe, porque al igual que en el mandala, sus códigos representan la totalidad: lo interno y lo externo, lo femenino y lo masculino, lo consciente y lo inconsciente…

La grandeza escondida en los símbolos no se limita a la interpretación parcial que hacemos desde el ego, sino que crece y se amplía a medida que nos aventuramos a llevar haces de luz donde antes solo había sombra.

Y es que, probablemente, la función de las estrellas al final no es otra que iluminar las partes de la psique hundidas en el abismo. Justo en ese momento de inmensa claridad, lo inconsciente llega a revelarse, y adquirimos la capacidad de VER, en mayúsculas, y caminar con dirección. Entonces se despierta nuestro poder innato para avanzar sin miedo y escribir nuestro destino. Que así sea.

Bibliografía

Bell Tosi Charlene, *Discover Your Woman Within*, Tosi and Associates Inc., USA, 2012.

Buckingham Marcus y Clifton Donald O PhD, *Now, Discover Your Strengths*, The Free Press, New York, 2001.

Campbell Joseph, *The Hero with a Thousand Faces*, New World Library, California, 2008.

Clear James, *Hábitos atómicos*, Editorial Planeta, Barcelona, 2020.

Dilts Robert, *Cómo cambiar creencias con la PNL*, Editorial Sirio, Málaga, 2019.

Greene Liz, *Relaciones humanas*, Urano, Barcelona, 1986.

Green Liz, *Saturn. A New Look at an Old Devil*, Weiser books, San Francisco, 1976.

Greene Liz y Sasportas Howard, *Los planetas interiores*, Urano, Barcelona, 1996.

Greene Liz y Sasportas Howard, *Los luminares*, Urano, Barcelona, 1993.

Greene Liz y Sasportas Howard, *La dinámica del inconsciente*, Urano, Barcelona, 1989.

173

Hamaker-Zondag Karen, *Psychological Astrology*, Weiser, Maine, 1990.

Heath Chip y Heath Dan, *Switch: How to Change Things When Change is Hard*, Random House Business Books, London, 2011.

Hendricks Gay PhD, *The Big Leap*, Harper Collins, New York, 2009.

Kimsey-House Henry, Kimsey-House Karen, Sandahl Philipp y Withworth Laura. *Co-active Coaching*, Nicholas Brealey Publishing, Boston, 2011.

Lipton. Bruce H., *La biología de la creencia*, Palmyra, Madrid, 2016.

Mark Margaret y Pearsom Carol S., *The Hero and the Outlaw*, McGraw-Hill, USA, 2001.

Morpugo Lisa, *Introducción a la Astrología*, Urano, Barcelona, 1991.

Murdock Maureen, *Ser mujer. Un viaje heroico*, Gaia, Madrid, 2014.

Murphy Joseph PhD, D.D., *The Power of Your Subconscious Mind*, Penguin Group, New York, 2010.

O´Connor Joseph y Lages Andrea, *Coaching con PNL*, Urano, Barcelona, 2005.

Papadopoulos Renis K., *The Handbook of Jungian Psychology*, Routledge Taylor & Francis Group, Sussex, 2006.

Peer Marisa, *I Am Enough*, Marisa Peer, 2018.

Ready Romilla y Burton Kate, *PNL para dummies*, Para dummies, Barcelona, 2018.

Robertson Robin, *Introducción a la Psicología Junguiana*, Ediciones Obelisco, Barcelona, 2016.

Sasportas Horward, *Los dioses del cambio*, Urano, Barcelona, 1989.

Sasportas Howard, *The Twelve Houses*, Flare Publications. The London School of Astrology, London 1985.

Sinek Simon, *Start with Why*, Penguin, USA, 2009.

Stein Murray, *Jung's Map of the Soul*, Open Court, USA, 2010.

Tres iniciados, *El Kybalión*, Editorial Sirio, Málaga, 2021.

Vilaseca Borja, *Encantado de conocerme*, Penguin Random House, Barcelona, 2019.

Williams Patrick y Thomas Lloyd J., *Total Life Coaching*, W.W Norton & Company, New York, 2005.

Descarga gratis
tu bonus de regalo en:
construyetudestino.es/bonus